# 薩長盟約

## 立役者は誰だ

山岡 悦郎

敬文舎

# 薩長盟約

## 立役者は誰だ

山岡 悦郎

敬文舎

装丁・デザイン　竹歳　明弘
図版作成　STUDIO BEAT
編集　阿部いづみ

凡例

・年号は和暦を基本とし、適宜、（　）で西暦を補った。
・本文は、原則として常用漢字、現代仮名遣いによった。
・登場人物の年齢は、数え年で表記した。
・引用文は、読みやすさを第一に考えて、原則として現代語訳に改めた。
・参考文献の詳しい情報は、各章末にまとめた。
・本書のなかには、現代の人権意識からみて不適切な表現と思われる文言を用いた場合もあるが、歴史的事実を伝えるため、そのままの表記を用いた箇所もある。
・写真使用につきましては十分に注意を払いましたが、なにかお気づきの点などございましたら、編集部までご連絡ください。

［写真所蔵・提供］

p8　宮内庁書陵部
p9　宮内庁書陵部
p77　鹿児島県歴史資料センター黎明館
p82　高知県立坂本龍馬記念館
p100　鹿児島県歴史資料センター黎明館　玉里島津家資料
p152　山岡　華菜子
p177　宮内庁書陵部

目次

## 第三章　薩長盟約の立役者は誰か……149

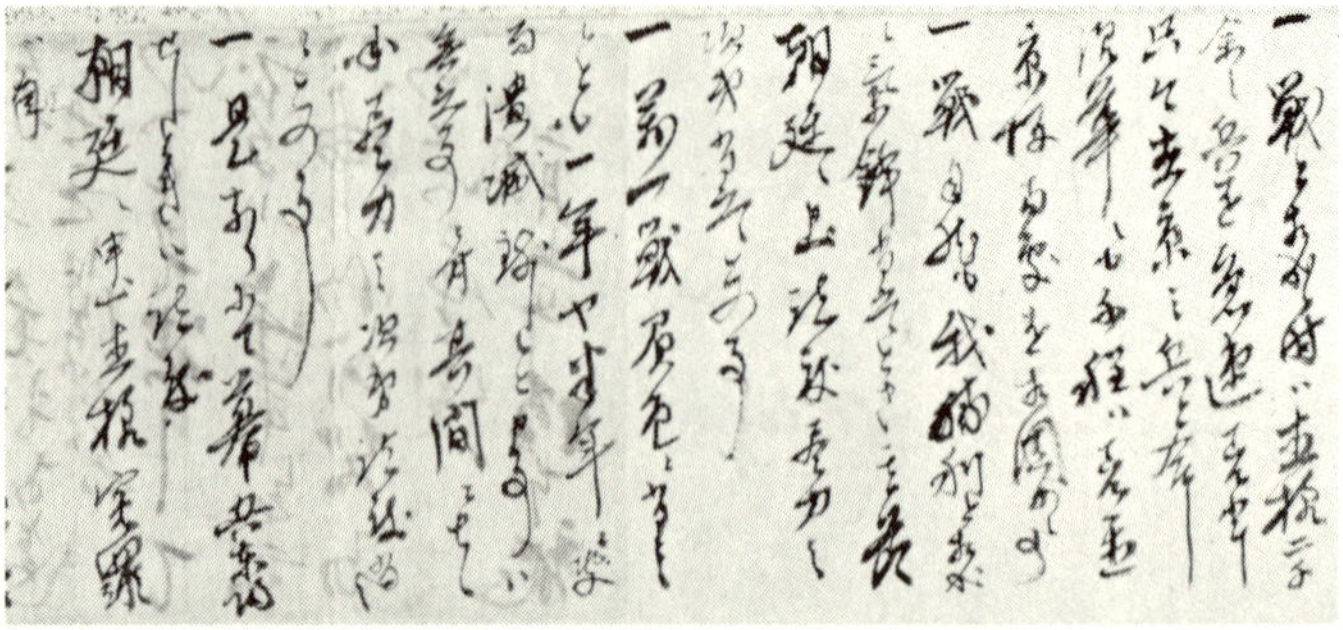

一戦と相成候時ハ、直様二千余之兵を急速差登し、只今在京之兵と合し、浪華へも千程ハ差置、京坂両処を合固め候事、

一戦自然も我勝利と相成候気鋒有之候とき、其節朝廷へ申上、詑度尽力之次第有之候との事

一万一戦負色ニ有之候とも、一年や半年ニ決而潰滅致し候と申事ハ無之事ニ付、其間ニは必尽力之次第詑度有之候との事

一是なりにて幕兵東帰せしときハ、詑度朝廷へ申上、直様寃罪ハ
自

一戦争になったときは、すぐさま二千余の兵を（鹿児島から）来させ、在京の兵と合わせ、大坂へも一〇〇〇人ほどは残し、京都・大坂の両所を固めること。

一戦争が万一、我がほうの勝利となりそうな気配があるときは、朝廷へ申し上げて、きっと尽力するとのこと。

一万一戦争が敗戦濃厚であっても、一年や半年では決して潰滅することはないので、その間には必ず尽力するとのこと。

一戦争にならずに幕兵が江戸に帰ったときは、きっと朝廷へ申し上げ、すぐさま寃罪を

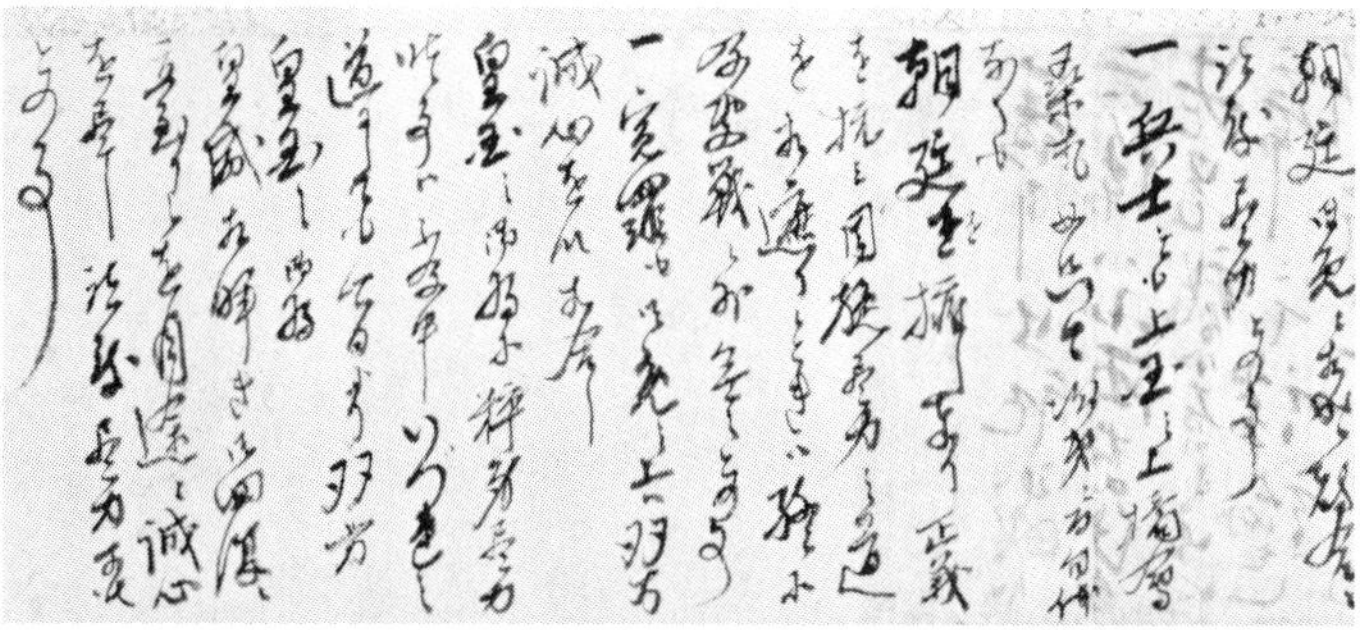

**薩長盟約六か条**　木戸孝允が記した盟約六か条である。後世に盟約内容を伝えてくれたのは彼だけであり、その歴史上の価値･貢献ははかりしれない。

朝廷御免ニ相成候都合ニ
詑度尽力との事

一兵士をも上国之上、橋会
桑等も如只今次第ニて、勿体
なくも
朝廷を擁し奉り、正義
を抗ミ周旋尽力之道
を相遮り候ときハ、終に
及決戦候外無之との事

一冤罪も御免之上ハ、双方
誠心を以相合し、
皇国之御為ニ砕身尽力
仕候事ハ不及申、いづれ之
道にしても今日より双方
皇国之御為
皇威相暉き御回復ニ
立至り候を目途ニ誠心
を尽し、詑度尽力可仕
との事

朝廷より認めてもらえるよう
きっと尽力するとのこと。

一兵士を上京させたうえ、一橋・会津・
桑名らも今までのように、もったい
なくも
朝廷を抱え込んで、正義
にあらがい、周旋尽力の道
を遮るときは、ついには
決戦に及ぶほかないとのこと。

一冤罪が認められたうえは、双方
真心をもって協力し、
皇国のために砕身尽力
することは言うまでもなく、いずれの
道にしても、今日より双方
皇国のため
皇威が輝き、回復に
いたることを目標に真心
を尽くし、きっと尽力すべき
とのこと。

（佐々木克『幕末史』を改変）

# はじめに

幕末維新史のキーワードのひとつに、「薩長盟約（同盟・連合）」がある。

この盟約は、西郷隆盛、小松帯刀《こまつたてわき》という当時薩摩藩トップの二人、長州藩トップの木戸孝允《きどたかよし》、それに浪士トップの坂本龍馬の四人が同席する場で締結され、徳川幕府を崩壊させて新時代を到来させる決定的要因になった、幕末最大の事件としてよく知られる。

本書は、この盟約を視点の中心とする、ペリー来航から廃藩置県に至る幕末維新史の書である。もちろん、これまでにも優れた幕末維新史に関する本は少なくない。それにもかかわらず、本書を著したのには、類書にはない、次のような点があると信じるからである。

ここ三〇年ばかりのあいだに、幕末維新史の研究はめざましい進歩を遂げたといわれる。たしかにその新しい研究成果は興味深く、私自身の関心も幕末、とくに薩長盟約に集中するようになった。

私は、そのような研究成果をなるべく取り入れながら、歴史の流れを記述した。したがって、従来の類書ではあまり強調されなかった主張点、たとえば徳川慶喜《とくがわよしのぶ》や小松帯刀の積極的位置づけや、これまで正しいとされてきた事柄の否定や疑問視などが含まれている。

と同時に、人柄がしのばれるような回想記やエピソードもなるべく取り入れるようにした。一次史料に依拠して正しい説を展開することも大事だが、本書は学術的専門書ではないので、回想記やエピソードの類も重要視したのである。これらが類書と異なる第一点である。

本書はまた、薩長盟約そのものにかかわる、次の二つの記述にかなりのページを割いた。

一つは、薩長盟約の立役者は誰か、というテーマである。

薩長盟約は、専門書だけでなく中学・高校の歴史教科書でも必ず記載され、また幕末もののテレビドラマや教養番組でも締結シーンが必ず登場するほど、我われにとってなじみ深いものとなっている。

したがって、この盟約が多くの研究者や歴史ファンによって興味をもたれ、いろいろと論じられてきたのも当然であるといえよう。いろんな問いがだされ、多様な答えと解釈が施されてきた。

私が関心をもったのは、「薩長盟約の最大の貢献者、つまり立役者は誰であるか」という問題である。本書の中心的テーマは、これまで等閑視されてきたこの問題に答えを与えることである。

そしてその際、私は「貢献性の判定基準」という論理学的概念を用いて、この問題に対処した。

それは、可能な限り厳密なやり方で、問題を考察したかったからである。

もう一つは、（坂本）龍馬エージェント説である。

多くの読者にとって、龍馬エージェント説は初耳であろう。それも当然で、この説は二〇年ばかり前に初めてテレビ番組で紹介され、話題になったものである。

従来は、龍馬が犬猿の仲であった薩長両藩に働きかけて薩長盟約は成ったのだといわれてきた。あの有名な司馬遼太郎氏の『竜馬がゆく』もその線で描かれている。だが、そのテレビ番組によれば、事実はそうではなく、龍馬は薩摩藩の命令で動いていたエージェント（工作員）にすぎなかったのだ、しかもそのことが新史料の発見で明らかになったのだということだった。

この説はかなり刺激的なことを主張しているにもかかわらず、その後十分に検討された形跡がない。一見して、この説は極論であるという印象を受ける。そうであれば、極論であることを示さねばならない。そこで、この説の正当性を改めて検討してみた。

以上、薩長盟約の立役者の問題と龍馬エージェント説の二つを取り上げたということが、類書にない第二点であり、論理学的観点から前者を考察したということが第三点である。

本書では、可能な限り平明な説明を行うということを意識的に心掛けた。通常の歴史書とは趣が違うかもしれないが、興味をもっていただければ幸いである。

# 序章——薩長盟約・前史

# ペリー来航

## 黒船出現

嘉永六年（一八五三）六月三日、アメリカ東インド艦隊司令長官ペリー率いる四隻の艦隊（二隻の蒸気軍艦・二隻の帆走軍艦）が、突如江戸湾の入り口に位置する浦賀（現、神奈川県浦賀市）沖に現れた。現在でいえば七月八日で、梅雨明け間近の、よく晴れた日であったという。

旗艦の蒸気軍艦サスケハナ号は二四五〇トンで大砲九門を搭載、蒸気軍艦ミシシッピ号は一六九二トンで新型のパグサンズ砲一二門を搭載していた。和船は最大でも一五〇トンしかなく、艦隊を目の当《まあ》たりにした江戸庶民は度肝を抜かれ、その威容さに圧倒された。

艦隊は戦闘態勢で来ていたので、艦砲射撃のあとに陸上戦になるかもしれず、そのときは江戸が火の海になるかもしれないと多くの庶民は不安にかられ、大八車に生活道具を積み込み逃げまどったという。また、アメリカ水兵と戦う可能性のある武士も同然で、当時の風俗誌は「町人に対して少しの無礼でも剣劇沙汰になるなど、実に半狂乱の有様」であったと記している。

庶民や一般武士にとって、黒船の出現は予期せぬ出来事だった。だが幕府首脳は、じつは前もって知っていた。前年の世界中の重要事件が網羅された海外情報の報告書「風説書」が、幕府の求めによって毎年オランダから提出されることになっており、鎖国中でも幕府は世界中の出来事をかなり知っていたのである。

そして、「別段風説書」によって幕府は、アメリカ艦隊が開国を迫るために来日すること、そのトン数、砲数、乗組員数、さらに陸上戦のための武器を積み込んでいることを知らされていたのである。

江戸時代も一八〇〇年前後になると、外国船の出没が目立つようになっていた。日本近海に捕鯨船が増えたため、幕府は文政八年（一八二五）に「異国船打払い令」を出したが、天保一三年（一八四二）には外国との無用な摩擦を避けるために、燃料や食糧を求める船に対してはそれを認めるという「薪水給与令」を出している。鎖国方針が少しずつ崩れはじめていることがわかる。

外国船の出没は増し、嘉永三年三月には、対馬《つしま》藩主宋義和《そうよしより》が外国船の航行が多いという理由から参勤交代の免除を要請し、それを幕府は許可している。アメリカにしても、ペリーが初めての日本接近ではない。すでに弘化三年（一八四六）閏五月、アメリカ東インド艦隊司令長官ビッドルが浦賀沖に来航してわが国との通商を求めたが、日本の国法である「鎖国」を認めて、通商を断念している。一〇年にも満たない期間に、状勢は緊迫したといえる。

## ペリーの砲艦外交

ペリー来航当日の六月三日、最初にペリーと交渉したのは、浦賀奉行所与力の中島三郎助《なかじまさぶろうすけ》であった。中島はサスケハナ号に乗り込み、ペリーと交渉した。ペリーは、日本に開国を勧めるアメリカ大統領フィルモアからの国書を浦賀で直接、幕府高官に届けたいと主張した。それに対して中島は、わが国の法律ではその種の問題は長崎で処理することになっているから、長崎に回ってほしいと主張し、議論は物別れとなった。下船の際、中島は搭載された巨砲の射程距離を尋ね、その結果を老中に伝えた。中島は新鋭兵器の知識があったのである。

翌日、同じ与力の香山栄左衛門《かやまえいざえもん》とペリーとのあいだで前日と同様の問答が行われたが、事態は進展しなかった。

問題は国書の受け取りだった。受け取りを拒否すれば戦争になるかもしれず、その場合、わが国に勝ち目がないことは明らかだった。また、アヘン戦争（一八四〇～四二年）でイギリスに敗北した中国が、多額の賠償金を支払い、領土を割譲《かつじょう》したこと、軍事侵略的なイギリスの日本への来航が近いことなどの情報も入っていた。幕府首脳は各種情報を得ながらも、明確な対処法を見出せずにいた。

その間、業を煮やしたペリーは、とうとう軍事的な脅しをかけることにした。六月六日、香山の抗議を無視して、ミシシッピ号が江戸城への艦砲射撃が可能な地点にまで入り込んだのである。ここに至り、幕府はついにペリーの恫喝《どうかつ》的外交に押し切られる形で、国書の受け取りを決断する。九日、受領式が久里浜（現、神奈川県横須賀市）で行われた。日本側全員無言の三〇分の儀式であった。

国書の内容は、漂流民の救助、アメリカ船への石炭・水・食糧の提供、近い将来での通商、以上の三つであった。ペリーは翌年の春に再訪することを告げて、一二日に浦賀を出港した。

## ペリー来航時の西郷隆盛、木戸孝允（桂小五郎）、坂本龍馬たち

薩長盟約の貢献者である西郷隆盛、木戸《きど》孝允《たかよし》、坂本龍馬の三人のなかで、このとき江戸にいて、この間の騒動を直接体験したのは、木戸と龍馬である。この事件はたしかに二人に影響を与えた。

この前年（嘉永五年〈一八五二〉）に江戸に出てきた木戸は、三大道場のひとつである斎藤弥九郎の門で剣術修行をしていたが、斎藤は剣術家というよりは西洋砲術の研究家という側面が強

く、ペリー来航のときも木戸は大砲でペリーたちに対抗するという話を斎藤としていたという。また、先輩格の周布政之助《すふまさのすけ》とも開国か攘夷（外国を排撃し、鎖国を主張すること）かをめぐって議論していたというから、この事件をきっかけに、木戸は単なる剣術家から政治家へと変身していった様子がうかがえる。

龍馬もペリー来航に影響を受けている。当時、彼は一九歳で、木戸と同じく剣術修行のため江戸に出てきており、そのときペリー艦隊を目撃した。その後の幕府の恥辱的外交を見聞したりして、彼は攘夷的気分になったようである。この年の一二月には、洋学の第一人者で勝海舟や吉田松陰らを指導した佐久間象山の砲術塾に入門した形跡があるので、どうやら彼も剣術家から政治家への道をめざしはじめたように思われる。

一方、西郷は前年に祖父、父、母の三人を一挙に喪《うしな》い、落胆のなかで六人の弟や妹の面倒をみなければならなかった。それでも藩主島津斉彬《しまづなりあきら》が帰藩するとの情報も入っており、将来に希望をもちながら仕事に励んでいるという状況であった。もちろん、ペリー来航のことは知らなかった。

このとき幕府を代表して対応したのは、老中首座の阿部正弘である。当時三五歳の開明派であった。ペリーは来年また来ると言いおいて去っていった。そのときには「開国（通商）するべきかどうか」について、ペリーに答えねばならない。この問題を幕閣で検討したが、名案が浮かばない。そこで阿部は閣外の諸賢に頼ろうとした。

まず彼は、有名な水戸黄門を先祖にもち、徳川御三家（尾張・紀伊・水戸）のひとつである水戸藩の隠居徳川斉昭《とくがわなりあき》を海防参与に任じた。斉昭は、薩摩藩主島津斉彬、越前藩主松平春嶽《まつだいらしゅんがく》、宇和島藩主伊達宗城《だてむねなり》といった当時評判の賢侯たちと親しく、阿部は彼らの協力を得て難局にあたろうとしたのだと思われる。

また、阿部は七月一日、外様を含む諸大名、御三家、幕臣に対して、ペリーの国書に対する意見を求めた。従来幕府の政策決定は、譜代大名・旗本・御家人の三者だけによって行われており、三者以外に意見を求めることはなかった。今回それを初めて実施したのは、開国問題が「鎖国」という国是に直結し、国家の危機にかかわる重要問題だと思われたからである。だが、大名らへの諮問は、自分たちだけで解決する力がなくなったことを意味し、幕威の衰えを露呈することになった。諮問に対する返答としては、開国拒否の徳川斉昭と開国肯定の彦根藩主井伊直弼《いいなおすけ》が目立つぐらいであった。

そのなかで幕臣の意見として、小普請組《こぶしんぐみ》（つまり、無役）の勝海舟による開国論が注目を集めた。彼は当時三一歳、江戸赤坂田町で兵学塾を開く蘭学者であった。彼は、国を守るためには軍艦の購入と軍人の養成が重要であり、そのための資金を獲得するには開国して外国と通商するべきである、そしてそのためには政治改革が必要である、と論じた。この意見具申が認められ、以降、勝は幕府内で重用されるようになる。こうして、一五代将軍徳川慶喜《とくがわよしのぶ》と並ぶ幕末維新期の幕府側最大の大物、勝海舟がさっそうと登場したのである。

ところで、勝の曽祖父は越後国の貧農出身で、しかも視覚障碍者であった。だが、若いころ江戸に出て蓄財に成功すると男谷《おたに》家の株を買い、その子孫は武士となった。その孫である勝の父親小吉《こきち》は一生無役で、無頼の徒に交わるなど、自由人として過ごした。内職として小道具屋などを営んでいたという。

だが、子どもに対する愛情は深く、小吉の残した『夢酔独言《むすいどくげん》』によると、犬に睾丸《こうがん》を噛まれて生命の危ぶまれた一〇歳の勝少年のために、毎晩水を浴びて金毘羅《こんぴら》へ裸参りをし、ほかの者には息子を触らせず懸命に看病した。そのおかげもあってか、やっと七〇日目に勝は床を離れることができたという。

その血筋からいっても、三河以来の旗本などとは異なり、勝には現実的で伝統に囚《とら》われない自由な発想や、幕府を外側から客観的にみることのできる能力があったように思われる。

## 開国へ

ペリーは、翌嘉永七年（一八五四）一月一六日に浦賀に現れた。今回は七隻の艦隊を引き連れていた。ペリーとの交渉は二月一〇日からはじまり、三月に一二条からなる「日米和親条約」が結ばれた。

下田と箱館の開港、薪水・食糧・石炭その他の供給については合意されたが、通商に関しては、応接掛《がかり》筆頭の林大学頭《はやしだいがくのかみ》が、人道問題の漂流民救助や石炭・水・食糧の提供と利益問題の通商とは質が異なる、今回は時期尚早として通商を断固拒否した。アメリカ側もこの抗弁の正当性を認め、断念した。交渉は一方的だったのではなく、通商要求を拒否したことで、幕府は軍事的圧力のなかで最善の選択をしたのだといえよう。

この年から翌年にかけて、同様の和親条約がイギリス、ロシア、オランダとのあいだで次々と結ばれた。こうして、わが国は開国することとなったのである。

アメリカの大国主義丸出しの強引な外交や、それに基づく条約締結のことを知った人びとは、わが国の現状と将来に危惧《きぐ》の念をもつようになる。力をつけて挙国一致して事にあたらねば、日本国は外国に負けてしまう。外国と対等に伍していく（万国対峙《ばんこくたいじ》）ためには、権力の集中した統一国家をつくる必要があると、多くの人が考えるに至った。

このようにペリー来航をきっかけにして、人びとの心の中に、中央集権的な統一国家を構築せねばならないとの気持ちが芽生えはじめる。この芽生えはしだいに大きな流れとなって時代を動かし、そして明治四年（一八七一）の廃藩置県に至って一応の終止符が打たれるのである。開国派も攘夷派も、万国と対峙する国家の構築をめざすという点では異ならない。それを実現する方法が違うにすぎない。

このようなペリー来航から廃藩置県に至るあいだでの新体制、新国家構築をめぐる抗争・努力の歴史が、幕末維新史にほかならない。

# 日米修好通商条約と将軍継嗣問題

**日米修好通商条約**

安政三年（一八五六）七月、日米修好通商条約締結のために、アメリカの駐日総領事としてハリスが伊豆の下田に乗り込んできた。老中首座は、同年六月に急死した阿部正弘から堀田正睦《ほったまさよし》に代わっていたが、彼も阿部同様開明的人物であり、開国や通商に対して前向きな考えをもっていた。翌四年一二月四日、この堀田からハリスとの交渉の全権委員に任命されたのが、下田奉行井上清直《いのうえきよなお》と海防掛《がかり》目付岩瀬忠震《いわせただなり》の二人である。岩瀬は、阿部から永井尚志《ながいなおゆき》や大久保一翁《おおくぼいちおう》とともに目付に任命された開明派の秀才官僚であった。

会談は同年一二月一一日からはじまり、一三回の協議を経て、翌安政五年一月一二日に開国・通商を認める内容の合意に至った。この間、日米和親条約のときと同様、幕府は諸大名への諮問を四回実施した。当初は締結反対の意見もあったが、通商・貿易による利益に関してしだいに理解が行き渡り、最終的には締結もやむなしという合意を得られた。

井上と岩瀬は、合意内容を武家の総意として天皇に示し、了解を得て、勅許を出してもらおうと考えた。勅許、つまり天皇の力で条約調印を正当化しようとしたのである。二人は、この案を老中に上申し、それは認められた。

だが、天皇の了解を求めざるをえないということは、「禁中《きんちゅう》並《ならびに》公家《くげ》諸法度《しょはっと》」で定められた「天皇を政治にかかわらせない」(庶政一任)という決まりから逸脱するものであり、幕府だけで政治を行うことができなくなったということ、つまり、幕府権力の衰えを意味するのである。

さて、天皇の勅許をもらうために、堀田と岩瀬たちは江戸を出発、二月五日に京都に着いた。彼らはすぐにでも勅許は得られると楽観していたが、予想に反して二八歳の孝明天皇(明治天皇の父)は、「条約締結は神国日本の国威・国体を損なうものである」として猛反対した。

この当時、朝廷内の権力者は、条約締結に賛成する太閤鷹司政通《たかつかさまさみち》であった。天皇は鷹司より四二歳年少で、鷹司に頭が上がらず、なんでも「太閤(鷹司)の申されたことは随《したが》い、用い」てきたが、開国問題では必死に彼に抵抗し、開国反対の侍従兼近習岩倉具視《いわくらともみ》の助けも借りて、朝廷の意見を反対方向にまとめ上げ、初めて自分の信念を貫き通したのである。

天皇が反対したのは、彼が外国人嫌いの攘夷主義者であったからである。天皇は女官たちに囲まれて育ち、彼女たちから外国人の醜悪さ・怖さを聞いて育ったため、外国人嫌いになったのだという説がある。この説の真偽はともかく、天皇の外国人嫌いは、その置かれた環境から無理がないようにも思われる。この外国人嫌いの感情が、条約の締結に反対させたのである。

幕府側の議論が現実的で説得力があり、土佐藩主の山内容堂《やまうちようどう》でさえ、天皇の考えは「書生同様の論」であると批判したが、最後には鷹司までもが締結反対論に回る始末で、朝廷は大混乱に陥った。その結果、三月二〇日、天皇は堀田に対して、重要問題であるにもかかわらず十分に審議された形跡がないから、改めて審議したうえで再度言上せよとの考えを伝えた。

堀田は不本意ながらも了承して京都を出発、四月二〇日に江戸に着き、老中たちに「正気の沙汰ではない」と報告した。そのわずか三日後の二三日、譜代《ふだい》筆頭の彦根藩主井伊直弼《いいなおすけ》が大老に就任する。京都での堀田の不首尾が江戸に伝えられ、堀田の留守中にこの国難を乗り切るため、剛腕直弼の登場が一三代将軍家定によって決められていたのだった。

**条約調印と将軍継嗣問題**

イギリスやフランスより早く条約を結びたいハリスの勧告もあり、安政五年（一八五八）六月一九日、井上と岩瀬は井伊大老の承認のもと、ハリスとのあいだで「日米修好通商条約」に調印した。もともと井上と岩瀬は開国論者であった。彼らはこの未曾有《みぞう》の国難を逆手にとって、外国と通商することで幕府の経済力を高め、幕威を回復しようとしたのである。

さらに九月までに直弼は、オランダ、ロシア、イギリス、フランスとのあいだで、ほぼ同じ内容の通商条約（安政の五か国条約）を結ぶ。この条約では、神奈川・長崎・新潟・兵庫（神戸）の開港と江戸・大坂の開市、居留地の設定と自由貿易などが合意された。

条約調印は六月二七日に朝廷に知らされた。天皇は調印を知り、「はなはだ御逆鱗《げきりん》の御様子」であったという。この調印は天皇の許し（勅許）を得ていなかったので、攘夷主義者の批判の的となり、その後の政治的混乱の大きな原因となる。

このころ、条約問題のほかにも重要な問題があった。将軍継嗣《けいし》問題である。一三代将軍家定は体が弱く、後継者を望めなかったので、一四代将軍を誰にするかで問題が生じていたのである。松平春嶽《まつだいらしゅんがく》、島津斉彬《しまづなりあきら》、山内容堂、伊達宗城《だてむねなり》、それに徳川斉昭《とくがわなりあき》たちは、英明の評判高い二二歳の一橋慶喜《ひとつばしよしのぶ》（のちの一五代将軍徳川慶喜）を推していた。彼らは一橋派と呼ばれる。

それに対して、「能力より血筋」を重視して、南紀紀州藩主で当時一三歳の徳川慶福《よしとみ》（のちの一四代将軍徳川家茂《いえもち》）を推していたのが井伊直弼たちであった。彼らは南紀派と呼ばれる。

一橋派は御三家や御家門それに外様といった、本来政治にはタッチできない人たちである。大名は親藩（御三家・御三卿・御家門）、譜代、外様の三者に分けられるが、政策決定に参加できるのは譜代大名だけであったからである。その彼らが慶喜を擁立したのは、自分たちも政治に参加したいとの希望があったためである。だが、これは従来の幕政のあり方を根本的に覆《くつがえ》すものであり、譜代中心の徳川政権のみを認める南紀派、とくに幕府体制のおかげで、一四男でしかも庶子でありながら偶然が重なって彦根藩主や大老になることができた井伊直弼にとって、とうてい認めがたく、一橋派と南紀派の対立はきわめて深刻なものであった。

一橋派は、公家出身の慶喜の妻や斉昭の義兄である鷹司を通して、朝廷に働きかけるようになる。また、春嶽は家臣の橋本左内を、斉彬は西郷隆盛を、工作のため朝廷に送り込んだ。

一方、南紀派も負けてはいなかった。井伊は、朝廷に顔が利《き》く長野主膳を京都に送り込み、一橋派の動向調査や、有力公家に対する慶福支持の工作を行わせた。長野は、井伊が若いころの国学の師であり、側近として敏腕を揮《ふる》った人物である。双方賄賂《わいろ》を使っての抱き込み工作であった。

### 雄藩の登場

将軍継嗣問題で登場したのが、西郷であり橋本である。新進気鋭の彼らが登場しえた背景には、藩内改革で実力を蓄えた、いわゆる雄藩の台頭ということがあった。

薩摩藩では、文政一〇年（一八二七）からはじまった調所広郷《ずしょひろさと》の財政改革により、一時は五〇〇万両もあった負債が完済されただけではなく、島津斉彬が急死したころには、四二万両の蓄えがあったという。斉彬はその財力を用いて藩内で軍制改革・殖産興業振興に取り組んだ。そしてその過程で、下級藩士を抜擢して力を発揮させた。西郷、大久保利通《おおくぼとしみち》がその代表であり、藩内最上級の門閥出身だった小松帯刀《こまつたてわき》も斉彬から信任を得るようになった。

長州藩でも似たような状況がみられる。薩摩藩ほどではないが、莫大な借金を抱えており、そのための財政改革に取り組んだのが村田清風《むらたせいふう》である。彼は天保一一年（一八四〇）、改革に着手した。諸改革を実施してそれなりの成果をあげたが、結局、同一四年に頓挫《とんざ》し、翌年には職を辞した。この村田清風の後継者と目されるのが周布政之助《すふまさのすけ》であり、周布によって見出されたのが木戸孝允《きどたかよし》や高杉晋作である。

程度の差こそあれ、越前藩、水戸藩、土佐藩、肥前藩の雄藩でも同様の改革と人材登用が行われた。そのとき登用された人材が、幕末維新期に活躍するのである。

# 安政の大獄と桜田門外の変

**大老批判**

安政五年（一八五八）六月二四日、一橋派の大名たちが突然不時（無断）登城し、大老井伊直弼《いいなおすけ》に対して日米修好通商条約を無勅許で調印したことをなじった。だが、調印したのが一橋派の堀田正睦《ほったまさよし》だったため、あっけなく大老に論破された。

これに対して直弼は、翌日に徳川慶福《とくがわよしとみ》を将軍後継者にすることを発表し、七月五日には不時登城の罪で、山内容堂《やまうちようどう》、松平春嶽《まつだいらしゅんがく》、伊達宗城《だてむねなり》を隠居、徳川斉昭《なりあき》を謹慎、一橋慶喜《ひとつばしよしのぶ》を登城禁止にした。また、堀田や岩瀬忠震《いわせただなり》も罷免された。島津斉彬《しまづなりあきら》も同月に急死し、ここに一橋派は完全に弾圧されてしまった。

処分のあった翌六日、将軍家定が没し、同年一〇月、一四代将軍徳川家茂《いえもち》が誕生する。

外国と次々に結ばれる通商条約に天皇は怒りを表し、幕府の横暴を責めるべく、条約調印は国家の重要問題であるから、大老その他の幕閣を含む全大名が「一同群議評定」を行って決めるべきだという、幕政改革を命じる勅（戊午《ぼご》の密勅）を水戸藩に下した。

戊午の密勅を無効にして、改めて条約調印の承認を得《う》るために、老中首座間部《まなべ》詮勝《あきかつ》が上京したのは、安政五年九月である。彼は、天皇や公家たちが外国人を禽獣《きんじゅう》視するのを批判し、外国人の優秀さを説き、世界情勢を詳しく説明した。それを聞いた天皇は、今回の調印については「心中氷解」したとしたが、将来的には条約を破棄して「鎖国の良法」に「引き戻す」ための「良策」を幕府と朝廷が一緒になって模索するように、との勅書を下した。

### 井伊大老の反撃と死

安政五年（一八五八）九月から翌六年末にかけて、安政の大獄が起こる。天皇が一橋派大名に期待して戊午の密勅を出し、幕閣人事に介入しつつ井伊大老の排斥をほのめかすという事態を、幕府の危機と感じた井伊大老が、一橋派の処分に取り掛かったのである。近衛《このえ》忠熙《ただひろ》らの廷臣《ていしん》（公家）が落飾《らくしょく》（仏門に入ること）となり、慶喜は隠居処分、宗城、容堂はみずから隠居した。国元永蟄居《えいちっきょ》の斉昭《なりあき》は、翌年八月に没した。総勢百余人に上る「大獄」であった。

そのほか、儒者の頼三樹《らいみき》三郎《さぶろう》、橋本左内、そして長州藩士の吉田松陰も処分された。松陰以外は、戊午の密勅と慶喜擁立に働いたとして処断されたのである。

朝廷工作をしていた西郷隆盛も危なかった。京都清水寺の勤王僧月照《げっしょう》も幕吏に追われていた。西郷は月照を薩摩で保護せんとして一緒に鹿児島に帰ったが、幕府の嫌疑を恐れる藩上層部は受け入れなかった。責任を感じた西郷は、二人して錦江湾に身を投げるが、西郷だけ蘇生《そせい》する。藩は西郷を死んだことにして「大島」と名前を変えさせ、奄美大島に潜伏させた。

また、直弼の開国路線に対してもっとも強硬に対立したのは、尊王攘夷藩の水戸藩である。条約調印に怒り、その後の一橋派に対する大獄によって、その怒りは頂点に達した。安政七年三月三日、大雪の降るなか、彦根藩邸を出て江戸城に向かう直弼を、桜田門の近くで水戸藩浪士一七人と薩摩藩浪士一人が襲い、殺害した。いわゆる「桜田門外の変」である。

大老暗殺というこの前代未聞の事件は、幕府に対する見方を大きく変えた。その後、井伊の政治路線は変更を余儀なくされていくが、暴力が政治の方向を変えることができるということを如実に示しただけでなく、幕府の絶対的権力が案外もろいものであることを示したのである。

そしてその発見は、井伊大老の弾圧によっていったん途絶えた大名の政治参加を新しく、より直接的な形で再登場させる契機となった。

## 参考文献

・井上勝生『幕末・維新』岩波新書、二〇〇六
・勝小吉『夢酔独言』講談社学術文庫、二〇一五
・佐々木克『幕末史』ちくま新書、二〇一四
・日置英剛編『新国史大年表』（五、六）図書刊行会、二〇〇六
・山本博文『ペリー来航　歴史を動かした男たち』小学館、二〇〇三

# 第一章——薩長盟約までの歴史の流れ

# 公武合体論から尊王攘夷論へ

## 薩長関係の流れ

本書の主題である薩長盟約は、幕府政治を終わらせて新政府を誕生させた、幕末におけるもっとも重要な出来事であるといわれる。幕末は、ペリー来航にはじまり、安政の大獄・桜田門外の変を経て、公武合体論へとつづいていくが、公武合体運動のなかで薩長両藩の対立は生まれたのである。

そして、その公武合体論の登場から最終的な盟約に至るまでの経過を、薩長関係に焦点をあてて述べるならば、次のような流れとなる。

(1) 外国の要求する通商条約締結をめぐって朝廷と幕府の関係に亀裂が入り、その修復をめざして、長州は航海遠略策を提言し、朝幕双方の承認を得る。（長州が主導権を握る）

(2) 薩摩が朝廷と幕府の人事改革案を提言し、双方の承認を得る。薩摩の公武合体論である。長州の公武合体論である航海遠略策は退けられる。 ← (薩摩が主導権を握る)

(3) 長州の過激な尊王攘夷主義が公家たちの心を捉え、過激主義者は天皇の意思を無視して、朝廷を支配するようになる。反対に、薩摩の影響力が弱まる。 ← (長州が主導権を握る)

(4) 天皇の命により薩摩は長州勢を京都から放逐(七卿落ち)し、さらに翌年上京してきた長州勢を、薩摩は再び追い返す(禁門の変)。薩長関係が悪くなる。 ← (薩摩が主導権を握る)

(5) 幕府は長州征伐を計画し、薩摩の参軍を求めるが、幕府の次の征伐目標が自藩だと悟った薩摩は、藩存続のために長州との提携を志向するようになる。 ← (薩摩の方向転換)

(6) 薩長両藩ならびに国のために、両藩は盟約を結んで幕府に対抗する。 ← (薩長盟約)

以下、この章では⑴～⑸までが概説され、龍馬の活動からはじまる⑹は第二章で扱われる。

**公武合体運動の展開**

安政七年（一八六〇）三月に起こった桜田門外の変ののち、幕府と薩長両藩は、日米修好通商条約調印で生じた幕府と朝廷との亀裂を修復し、国難に対処するために朝廷（公）と幕府（武）の合体による対処、つまり公武合体論を展開するようになる。

まず幕府が朝廷に対して、一四代将軍徳川家茂《とくがわいえもち》と孝明天皇の妹和宮《かずのみや》との結婚を願い出た。これには反対もあったが、最終的には朝廷側が受け入れて、文久二年（一八六二）二月一一日、婚儀が行われた。これは政略結婚を無理やり強要された悲しい女性の話であるが、ただ家茂との結婚生活は幸せなものであったと伝えられる。

ちょうどこのころ、毛利氏三六万石の長州藩が、政治の表舞台に姿を現すようになる。外様の長州藩は、幕末期になると貿易にも力を入れ、また村田《むらた》清風《せいふう》などの藩内改革もあり、多くの人材を輩出して、薩摩とならぶ「雄藩」と認められるに至っていた。

文久元年三月、抜群の切れ者として知られる長州藩直目付《じきめつけ》の長井雅楽《ながいうた》が、「航海遠略策」を藩是（藩の方針）とし、朝廷と幕府の周旋をすべきであると藩主毛利《もうり》慶親《よしちか》に上申した。ちなみに直目付とは、「藩政全般を監査し、藩主に意見を申し述べることのできる、藩主直属の重職」のことである。

長井のいう航海遠略策とは、世界の大勢からみて外国との通商は避けられず、むしろ積極的に「航海」を開くことで国力をつけ、わが国の威光を世界に示すべきである、そしてそれを朝廷から幕府に命令して実行させるべきである、という提言である。これは、朝廷・幕府・諸藩の挙国一致の態勢で海外進出をめざすべきだと主張しており、現実的で優れた公武合体論であった。

長州藩政府は検討の結果、これを藩是とし、長井に朝廷と幕府間の周旋を命じた。この策は幕府の通商条約調印を是認したうえで、朝廷主導の積極的開国策を取ろうとするものであったから、同年五月に天皇と朝廷の了解を得られ、七月には幕府の同意も得られた。

こうして、それまで影の薄かった長州藩が、一気に主役として政治舞台に登場する。

航海遠略策は、一時は朝廷と幕府、双方の同意を得ていたが、その後しだいに批判されるようになる。朝廷側からは、条約調印を是認するもので、天皇を軽視するものだとされた。

だが、それ以上の批判が長州藩の内部から噴出してきた。それは、木戸《きど》孝允《たかよし》、高杉晋作、それに久坂《くさか》玄瑞《げんずい》ら吉田松陰門下の過激尊（王）攘（夷）派による批判である。彼らは、航海遠略策は本質的に師松陰の尊王攘夷論と合わず、外国との通商を是認する幕府に迎合的であるとして批判したのである。

一時は航海遠略策を支持していた長州藩政務役の周布政之助《すふまさのすけ》が反対意見に転化したこともあり、遠略策は急速に支持者を失い、長井は文久二年六月に免職になった。その後七月になると、長州藩は、藩論を開国から攘夷へと大きく転換させる。その責任を負わされた長井は、翌年切腹させられた。航海遠略策を葬った木戸ら過激尊攘派の運動は、文久二年末から翌三年八月のクーデター（七卿落ち）のころになると、時には天皇の意思を超えるほど精鋭化して、京都の政情を不安定にさせた。

ところで、航海遠略策を葬り去った木戸孝允とは、どのような人物であろうか。

## 木戸孝允と吉田松陰

長州藩の裕福な家に生まれた木戸は、藩校明倫館で三歳年長の吉田松陰から兵学を教わった。その後木戸は、剣術修行のため嘉永五年（一八五二）、二〇歳で江戸に遊学し、江戸三大道場のひとつ斎藤弥九郎の練兵館に入門し、翌年には早くも塾頭になっている。ちなみに江戸三大道場とは、千葉周作の玄武館、桃井春蔵の士学館、そして斎藤弥九郎の練兵館である。

ペリー来航後、木戸は斎藤のつてで江川英龍《えがわひでたつ》に洋式兵学を習い、さらに中島三郎助《なかじまさぶろうすけ》のところに押しかけて造船術を学んだが、中島の人柄に感じ入るところがあったようである。

獄中の松陰に宛てた木戸の手紙によれば、中島は木戸を教え子ではなく同学の士として遇し、木戸のために「二畳半程の塩物小屋」の「床を張って」くれたという。中島はその後軍艦頭取となり、洋式軍制改革に大きく貢献する。明治二年（一八六九）の箱館戦争では、木戸の新政府軍と戦い、最後まで幕府に殉じて二人の息子とともに戦死した。木戸は中島の学恩に報いるべく、遺族の面倒をみている。木戸の人柄がわかるようである。

このように、ペリーの来航をきっかけにして、木戸は単なる剣術家から軍事技術者、そして政治家へと大きく変身していった。

彼は二〇歳から約一〇年間を江戸で過ごし、その間、政治的研鑽《けんさん》を積んだ。他藩、とくに水戸藩の有志と厚誼《こうぎ》を結んだだけでなく、江戸長州藩邸の有備館用掛、つまり江戸在藩士の教育の責任者として、江戸に出てくる青年藩士のよき相談相手だった。松陰の門下生である高杉晋作や久坂玄瑞などは、師の松陰よりも木戸のほうを信頼したといわれる。

彼は周布政之助の後を継いで、やがて長州藩のリーダーとなっていくが、その素因は江戸での一〇年間の修学にあったといってよい。

では、松下村塾の塾生である木戸、高杉、久坂らに大きな影響を与えた吉田松陰とは、どのような人物だったのだろうか。

彼は、師佐久間象山《さくましょうざん》の開国論の影響もあり、嘉永七年（一八五四）のペリー二度目の来航のとき、この艦隊に密航を求めて拒絶され、幕府に捕らえられた。アメリカのことを知ろうとしたのである。この果断な行動は、「本物の思想は行為で表さねばならない」とする、いわゆる知行合《ちこうごう》一《いつ》を旨とする陽明学徒であった松陰にいかにもふさわしい。このとき「かくすれば、かくなるものと知りながら、已《や》むに已まれぬ大和魂」という有名な歌を詠《よ》んでいる。

その後、松陰は老中阿部正弘の恩情によって死罪を免れ、長州萩に送り返された。野山獄に入れられたが藩の扱いは厳しくなく、翌安政二年（一八五五）暮れには、病気療養という名目で実家に帰された。牢にいたころ、松陰は囚人相手に『孟子』の講義をして、彼らを感化させたといわれる。翌三年の春ごろから、松陰は叔父のつくった塾（松下村塾）で青年相手に教えはじめている。

松陰は子どものころから、「天下は一人（天皇）の天下なり」という熱烈な天皇崇拝者であった。彼にとって、天皇の勅許なしに通商条約を調印した幕府は許せるものではなく、調印後の安政三年七月一三日には、藩に提出した意見書のなかで「将軍は天下の賊である。今こそ我らは将軍を殺すべきだ」と書いたほどである。

その後、彼は京都で安政の大獄に奔走していた老中間部《まなべ》詮勝《あきかつ》の暗殺を計画するようになるが、それに反対した門下生の高杉や久坂に対して、「僕は忠義をするつもり、諸友は功業をなすつもり」と怒り、彼らに絶交を申し込んでいる。

彼が安政の大獄で捕らえられたとき、じつは間部暗殺計画のことは知られていなかった。彼は聞かれもしないのに、自分から白状したのである。これが彼の死罪判決の理由となった。

このように、吉田松陰には頑固な攘夷主義者の側面があるが、それだけではない。彼が後世に与えた大きな影響は、むしろ死罪を宣告されたあとの思想・態度にあったと思われる。彼は一〇月二七日に死罪を告げられたが、その数日前に獄中で最後の著作『留魂録《りゅうこんろく》』を書き、そのなかで次のような死生観を述べている。

私は行年三十である。なすべきことをなさずに世を去るのは、穀物が花を咲かさず、実をつけずに終わるのに似ているから惜しむべきことなのかもしれない。しかし私自身について言えば、花も咲き、実りの時が来たのだ。何の哀しむことがあろう。人の寿命には定まりがなく、必ず四季を経る穀物とは違うのだ。

十歳で死ぬ人には十歳の中に四季があり、二十歳で死ぬ人には二十歳の中に四季がある。十歳で死ぬ人を短いと言うのは、短命の夏蝉を長命の霊木にしようとすることであり、百歳で死ぬ人を長いと言うのは、霊木を夏蝉にしようと願うことだ。どちらも天寿に達することにはならない。

私は三十歳、すでに四季も備わり、花を咲かせ、実も付けた。それが単なるもみ殻なのか育った粟なのかは私の知るところではない。もし同志たちが私の真心を哀れみ、それを受け継いでくれるのであれば、種子は絶えることなく、私の命が生きつづけていることになるだろう。

ここには、死に直面した松陰の、悟りえた清澄《せいちょう》な死生観がある。以降、『留魂録』は長州藩志士のバイブルとなり、彼らの精神的支柱となった。これをみてもわかるように、彼の本質は思想家であって、単純な過激尊攘家ではない。門下生が辟易《へきえき》しながらも、松陰に付いていったのは、彼らがそのことを知っていたからと思われる。

## 西郷隆盛と島津斉彬・久光

長州の航海遠略策に代わって、島津久光による幕政と朝政の改革策が登場する。これ以降、歴史の最前線でもっとも活躍した薩摩藩士は西郷隆盛である。そして西郷を理解するためには、島《しま》津斉彬《づなりあきら》・久光兄弟との関係が重要であろう。

西郷は、薩摩藩士の階層八段階の下から二番目に属する下級藩士であったが、農政改革に関する上申書で当時三百諸侯随一といわれた名君島津斉彬の目に留まり、引き立てられた。

西郷にもっとも大きな影響を与えたのは斉彬である。彼は薩摩藩主島津斉興《なりおき》の世子であったが、斉興の側室お由羅《ゆら》の方（江戸の大工の棟梁の娘）一派は、後継者として由羅の子久光を推し、斉彬派と由羅派のあいだで壮絶な跡目争いが勃発する。ところが、斉彬派による由羅派の要人暗殺計画が露見し、斉彬派の一三人が切腹となった（お由羅騒動）。これで斉彬の藩主就任は遠のいたが、親友の老中阿部正弘の尽力で、嘉永四年（一八五一）、藩主に就任することができた。しかも、斉彬は由羅派に対する報復はいっさいしなかった。

斉彬は江戸生まれの江戸育ちであった。正室と世子は、江戸に住む決まりだったのである。長い世子時代から彼は、阿部正弘をはじめとして多くの有力大名やその重臣、あるいは優秀な幕府官僚その他と交流があった。斉彬の優秀ぶりは国元の西郷たちも知っており、尊敬の的であった。

嘉永七年三月、西郷二八歳のとき、参勤する斉彬に従って江戸入りをし、それ以来、西郷は斉彬から国政や藩政に関する教えを受けつつ、諸藩の大名や有志と付き合った。

斉彬による薫陶・教育の結果、西郷の思考と行動の様式が形成され、それにのちのさまざまな体験が加わって、西郷という人格が形成されていった。こうして、斉彬は西郷にとってめざすべき最大の目標となり、やがて神の如き存在となった。

斉彬の政治の基本は、朝廷重視の公武合体路線であり、「朝廷守護のため上京する場合は、挙藩一致して出兵する」ということを原則とした。この原則は斉彬の死後も「先君の遺志」として、慶応三年（一八六七）五月ごろまで藩是でありつづけた。

ところで、斉彬の子ども五人は安政五年（一八五八）までに次々と亡くなったが、このことは西郷に大きな影響を与えた。そのころ由羅が修験者の牧仲太郎に命じて、斉彬とその子どもを呪い殺そうとしているという噂《うわさ》がたち、斉彬でさえこの噂の虜《とりこ》となり、由羅を恨むようになった。彼は国元に宛てた手紙で、由羅のことを「姦女」と呼び、「由羅さえいなければ、万事よくなる」と述べている。西郷も国元の友人宛ての手紙で、「姦女を倒すほか希望はない」と書いている。

しかしながら、斉彬は久光に対しては悪感情をもたず、むしろ学問・識見の優れた弟として高く評価していた。実際、斉彬は死に際して、久光の長男忠義に家督を譲ると遺言している。一方、久光も八歳年長の斉彬を尊敬し、その遺志を忠実に守ろうとした。斉彬を尊敬することでは、西郷と久光は変わらない。

だが、西郷は久光に対しては、斉彬の子ども五人を死に追いやった由羅の子であるとの意識が強く、さらに斉彬の死に久光の影を見たりして、終生久光には悪感情をもちつづけた。他方、久光も西郷にはよい感情はもっていなかったようである。

斉彬の遺言により、久光の長男忠義が藩主になったが、若年の彼に代わって実権を握ったのは国父久光である。彼は兄の公武合体論を引き継いだ。久光の公武合体論が長州の航海遠略策ともっとも違うのは、朝廷と幕府の人事改革を含むという点である。

文久二年（一八六二）三月一六日、久光は小納戸役《こなんどやく》の大久保利通《おおくぼとしみち》と側用人《そばようにん》の小松帯刀《こまつたてわき》を従え、兵一〇〇〇人を率いて上京の途に就く。大久保と小松の政治舞台への初登場である。久光は、朝廷と幕府の人事改革を行い、それを通して朝幕間を周旋しようとしたのである。大名でもない無位無官の人物が周旋を提言することなど前代未聞であり、久光のじつに思い切った行動であった。

このとき久光は、大久保らの勧めに応じて、安政の大獄に連座し、奄美大島に潜居していた西郷隆盛を呼び戻した。当時、西郷は全国的に著名な人物であり、久光は上京計画に関する考えを聞きたかったのである。

だが西郷は、「中央政界と広く交際のあった先君斉彬とは違って、あなたは『ジゴロ（田舎者）』だから、上京は時期尚早である」と言って、強く反対した。家来に面と向かって田舎者と言われた久光の面目は丸つぶれだが、すでに一月の段階で初上京の大久保を通じて、幕政改革と公武合体に尽力するため上京する旨を朝廷に伝えていたため、上京を強行した。

多少の確執はあったが、久光は上京する際、西郷に対して、過激な尊攘派とは付き合わないこと、九州の事情を探索して下関で待つことの二つを命じて、西郷を先行させた。

だが、久光上京の噂が広まるにつれて、全国の尊攘派が奮い立ち、京都に参集した。彼らは、朝廷を軽んじる幕府を倒してくれることを久光に期待したのである。だが、久光に倒幕の意思はなく、朝廷や幕府の改革が望みだったので、これはまったく尊攘派の思い違いなのであった。

一方、下関で福岡藩浪士平野国臣から、薩摩藩士を含む過激尊攘派が二条城襲撃を計画しているという情報を受け取った西郷は、この計画を中止させるために京都へ向かった。これは、下関で待機せよという久光の命令を破ることであり、それを聞いた久光は激怒した。

西郷を死罪に処すつもりの久光は、お気に入りの大久保の嘆願にも取り合わなかったので、絶望した大久保は、「お互い刺し違えて死のう」と西郷に迫ったが、二人が死んだら斉彬公の遺志を実現できないではないかと、逆にたしなめられてしまった。四月九日の夜、兵庫・須磨海岸でのことである。

結局、久光は罪一等を減じて、西郷を沖永良部島《おきのえらぶじま》への遠島に処した。それにしても、西郷に互いに刺し違えて死のうと迫るとは尋常ではない。二人はどのような関係だったのだろうか。

## 西郷隆盛と大久保利通

大久保は、薩摩藩最下級の藩士の子として生まれた。鹿児島城下の西郷家と大久保家は歩いて一、二分の距離であり、二人は幼馴染《おさななじみ》であった。

薩摩藩には独特の青少年教育制度「郷中《ごぢゅう》」があり、西郷が三歳年長であるが、二人は同じ郷中で遊び、学び、先輩に鍛えられて育った。大久保が二一歳のとき、父利世《としよ》が島津家の跡目争い（お由羅騒動）に連座して鬼界島に遠島となり、利通も免職となった。たちまち生活に困り、借金を乞う数通の手紙が今も残っている。

赤貧洗うが如き生活のなかで、空腹に耐えかねた大久保が西郷家に行って、六人いる西郷の弟や妹から少しずつ御飯を分けてもらって食べていたという話が伝えられている。

斉彬の藩主就任後、嘉永六年（一八五三）に大久保は復職したが、このころには西郷や大久保たちは政治集団を結成しており、彼らは江戸や京都で国事に奔走することを夢見ていた。大久保復職の翌七年一月に、西郷は念願の江戸出府を果たした。大久保はうらやましかったであろう。

斉彬の死後も大久保は、江戸出府の機会になかなか恵まれなかったので、西郷のように藩外で活躍する道ではなく、藩内に残ってしかるべき地位に就き、実力を蓄える道を選んだ。そのためには久光に認められねばならない。そこで大久保は、十代のころから唯一の趣味であった囲碁を利用した。久光も囲碁を趣味とし、鹿児島城下の吉祥院住職（大久保の友人税所篤《さいしょあつし》の兄）とよく碁を打つという話を聞いたからである。大久保も税所を介して住職と碁を打つようになる。

あるとき、大久保は本好きの久光にある本を届けてくれるよう住職に頼んだ。その本には、彼の藩政や国政に関する考えを書いた紙片が挟んであったのである。それを読んだ久光は大いに感心して、下級藩士の大久保の名前を記憶に刻んだという。

安政七年（一八六〇）、大久保三一歳のときに桜田門外の変が起こるが、じつは井伊直弼襲撃の計画は、その一年前から水戸藩と薩摩藩の有志のあいだで検討されていた。薩摩藩で脱藩しての参加を考えていたのは、西郷や大久保たちが結成した尊王攘夷派の若き政治集団であり、西郷不在の鹿児島では大久保がリーダーであった。本来、大久保は脱藩には反対であったので、彼は血気にはやる後輩たちを説得するのに苦労した。

この計画がやがて藩主父子にわかったため、藩主島津忠義は久光と相談のうえ、みずから直筆の諭告書を書き、そのなかで「先君斉彬の遺志を引き継ぎ、皇国を守るつもりである、その時は藩主を先頭に挙藩一致して出兵する、その際はお前たちが中心となって自分を支えてくれ」と頼んだ。しかも、宛名を「誠忠士の面々へ」としていた。本来なら厳罰に処せられるべき脱藩計画者を忠義の士と呼び、殿様が若い藩士に頼んでいるのである。感激した彼らは脱藩を中止し、以降、藩自体を動かして斉彬の遺志を実現することにし、血判の請書（承諾書）を出した。

この諭告書の内容が、それ以降、薩摩藩の行動の基本的方針となり、彼らは誠忠組と呼ばれるようになる。藩主父子が「斉彬の遺志」を持ち出したのは、誠忠組をなだめるための方便ではない、それは藩主父子の本心だったのである。彼らと西郷や大久保との政治目標のあいだに、大きな違いはみられない。

薩摩藩は以降、多少の曲折はあっても、つねに一貫して藩としての統一行動をとって動く。それが内訌《ないこう》で疲弊した水戸藩や長州藩と違う点で、幕末維新史で薩摩藩がつねに中軸的役割を果たすことができた大きな理由である。

その後、大久保は若手の中心として久光とも意見の交換ができるようになり、やがて他の後輩ともども藩中枢部に登用され、藩内に大きな影響を与えていくようになる。

西郷と大久保は、思想・信条を通じて友達になったのではない。一緒に遊び、学び、そして体験することを通じて、思想・信条が一体化されていったのである。久光上京のころには、二人は相手のためならたとえ首を斬られてもかまわないという、いわゆる「刎頸《ふんけい》の友」になっていたと思われる。

## 島津久光の周旋——朝政と幕政の改革

久光は文久二年（一八六二）四月二三日、薩摩藩士の有馬新七を含む尊攘激派が、薩摩藩の定宿である京都伏見の寺田屋で、所司代襲撃の密議を行っているという情報をつかむ。久光は、薩摩示現流《じげんりゅう》の達人数名を遣わして計画を中止するよう説かせた。しかし、聞き入れないため上意討ちさせ、有馬を含む薩摩藩士八名が死亡した（寺田屋事件）。薩摩藩士に薩摩藩士を斬らせて京都の平安を守ったことで、久光に対する天皇と朝廷の信頼は一気に増した。

それに自信を得た久光は、朝廷に対して二つのことを提案した。

一つは幕政改革である。これは、安政の大獄で処分された公家や大名の復権、一橋慶喜《ひとつばしよしのぶ》（のちの一五代将軍徳川慶喜）の将軍後見職就任、ならびに松平春嶽《まつだいらしゅんがく》（前越前藩主）の大老就任である。もう一つは朝政改革である。つまり、関白九条尚忠《くじょうひさただ》の解任と近衛忠熙《このえただひろ》の関白就任、ならびに安政の大獄で処分された廷臣《ていしん》（公家）の復権である。

薩摩藩に御所を警備してもらっている朝廷側はこの二つを受け入れ、幕政改革を幕府に命じるために、六二歳の「有名なる頑固《がんこ》の攘夷家」大原重徳《おおはらしげとみ》を勅使に任命し、その護衛役を久光に命じた。五月二二日、久光は大勢の兵を率いて江戸へと出立した。江戸着は六月七日である。

同年一月一五日の坂下門外の変で老中安藤信正が負傷し、久光到着のころには安藤・久世広周《くぜひろちか》政権はすでに崩壊していた。だが予想どおり、板倉勝静《いたくらかつきよ》と脇坂安宅《わきさかやすおり》の両老中、その他の幕府首脳は、人事改革案を簡単には認めなかった。自分たちの人事問題が、無位無官で江戸出府が初めてという、田舎の一国父にいいようにされることが、プライドの高い彼らには我慢できなかったのである。

とくに幕閣は、慶喜の後見職をなかなか認めなかった。そこで大原は、板倉・脇坂の両老中を宿所に呼んで、慶喜就任を認めないなら「大変なことになるぞ」と脅したところ、老中の顔色が変わり、「お受けする方向で努力します」と承知したという。

このとき三人の薩摩藩士を隣の間に控えさせておき、老中がどうしても承知しない場合は、大原が座を立って次の間に入るので、それを合図に三人が突入し、違勅の罪を着せて天誅《てんちゅう》を加える約束だったという（『大久保利通日記』）。

なんともひどい話だが、薩摩の武力を背景に、大原は無理やり案を飲ませてしまった。このことで、幕府は朝廷の存在感を改めて認識し、薩摩への憎しみを増大することになった。

その結果、慶喜が将軍後見職、春嶽が新設の政事総裁職に任ぜられる。すでに四月、幕府は安政の大獄で処分された者を復権させていたが、さらに六月二三日、九条関白が罷免され、近衛忠熙が関白に就任したので、久光の朝政と幕政の改革という目的は達成されたのである。

当時江戸にいた長州藩主毛利慶親《もうりよしちか》は、朝廷から久光とともに大原の補佐を命じられていたが、東海道を下ってきた久光と顔を合わせたくないかのように、久光が到着する前日に中山道を通って上京してしまった。慶親と会いたかった久光は、道を変えて前日出発するとは「不審千万で、まったく理解できない」と、その不満の気持ちを脇坂老中宛てに書いている。このときの慶親の気持ちは不明だが、その後の薩長間の軋轢《あつれき》は、このころから生じはじめたように思われる。

久光は初めての中央政界デビューを成功裏に終わらせ、文久二年（一八六二）八月二一日、意気揚々と京都に向け江戸を出発した。だが、その途中で思わぬ事件を引き起こす。生麦村《なまむぎむら》（現、横浜市鶴見区）にさしかかったとき、行列を横切ろうとした四人のイギリス人を無礼討ちにし、一名が即死した。これが「生麦事件」であり、翌三年の薩英戦争の原因となった。

久光一行は閏《うるう》八月七日、京都に入った。そこで彼らを迎えたのは、「攘夷」を実行したとして熱烈に歓迎する京都の民衆であった。だが、過激な攘夷論を認めない久光には、攘夷に基づいてイギリス人を殺害したとの意識はなく、この民衆の歓迎には戸惑った。

久光が留守にしていたわずか三か月半ばかりのあいだに、京都の情勢が攘夷支持に大きく傾いていたのである。

## 尊王攘夷派台頭

松陰思想を受け継ぐ木戸や久坂らの過激尊攘論は、やがて文久二年から三年のクーデターにかけて、その最盛期を迎える。幕末の尊王攘夷藩としては、水戸と長州の二藩があげられるが、水戸藩尊攘派の元治元年（一八六四）三月の挙兵が失敗に終わり、その後の攘夷論はもっぱら長州に期待されることになった。

長州藩は航海遠略策を葬ったのちの文久二年七月六日、京都で御前会議を開き、「天皇の破約攘夷（条約を破約して元に戻す）の意思を尊重して、幕府が破約攘夷に向かって動くよう働きかける」という破約攘夷論を藩是として採用した。だがじつは、この強硬論の支持者は会議では少数であった。それを逆転させたのが、周布《すふ》政之助《まさのすけ》の「利害得失を度外視し、大義名分あるところをもって決断すべきである。もしことが成らなければ、君臣ともに楠公湊川《なんこうみなとがわ》の故事にならって、討ち死にするまでだ」という発言だったといわれる。

楠公湊川とは、南北朝内乱の際、最後まで後醍醐《ごだいご》天皇の南朝側に立ち、負けを承知で出陣し、湊川で足利尊氏《あしかがたかうじ》の軍勢と戦い、一族もろとも滅亡した楠木正成《くすのきまさしげ》のことである。この忠臣楠木正成の故事を持ち出されると反対できないのが、当時の武士である。藩士一般の声を聴くべきだという正論を退け、周布と木戸たちは、非合理的なやり方で破約攘夷論を藩是としてしまったのである。だが、この無謀な精神主義は、やがて現実の前に敗北することになる。

こののち、長州藩は破約攘夷を藩是としたことを朝廷に申し入れ、幕府に対して攘夷を実行するよう、強く圧力をかけていくようになる。

外国人嫌いの孝明天皇は、幕府に破約攘夷を急がせる長州の主張に好感をもち、それはまた、長年幕府に虐げられてきた公家たちにとっても、快いものであった。長州は朝廷内で強い支持を得る。

開国後、質《たち》の悪い外国人が日本にどっと流れ込んできたことで、文久二年には、外国人を見ると「急いで屋内に逃げ込んでしまう」ようになったと、オランダの軍医ポンペは嘆いている。また、同じころの京都では、「もしもこの子が男なら尊王攘夷をさせましょうオシャリコ　オシャリコ」と歌うオシャリコ節が流行《はや》ったという。

このような攘夷論と、それに基づく幕府批判が人気になるなかで、安政の大獄や和宮降嫁に対する批判として、それらに貢献した人物に対するテロや弾劾が頻発するようになる。

七月以降、安政の大獄に協力した前関白九条尚忠の家臣や、その手下として働いた目明し文吉、さらには京都町奉行所の与力ほか三人が殺され、晒《さら》された。

八月一六日には、長州の尊攘派に与《くみ》する若手の公家三条実美《さんじょうさねとみ》らによって、岩倉具視《いわくらともみ》その他が和宮降嫁の際、幕府に朝廷の機密を漏らしたとして弾劾され、蟄居《ちっきょ》となった。九月一二日、殺害の予告文が邸内に投げ込まれたため、岩倉は難を逃れるべく、岩倉村（現、京都市左京区）に隠棲した。

この年の閏八月一日、幕府はテロに荒れ狂う京都の治安を守るために、会津藩主松平容保《まつだいらかたもり》を京都守護職に任命し、容保は一二月二四日、兵を率いて京都に着任している。

破約攘夷については十分な議論が必要であるという、久光の意見に耳を貸す朝廷関係者は少なくなり、失望した久光は閏八月二三日、鹿児島に向けて京都を離れた。

## 土佐勤王党の躍進と坂本龍馬の動向

久光の退場に代わって京都政界に登場したのが、武市《たけち》瑞山《ずいざん》率いる土佐勤王党である。彼は長州の木戸、高杉、久坂たちと交流のある攘夷主義者であった。文久元年（一八六一）八月、彼は土佐勤王党を結成したが、そのころの藩政を掌握していたのは、前藩主山内容堂《やまうちようどう》に登用された、幕府寄りの開国派吉田東洋である。武市は党結成の翌二年四月、東洋を配下に暗殺させ、藩論を尊攘派寄りに転換させることに成功した。

同年七月二五日、京都警備を命じられた土佐藩主山内豊範《とよのり》に従って武市も入京し、旧知の仲だった久坂らの長州勢と合流した。

武市が土佐勤王党を結成したとき、弟分の坂本龍馬は九番目に血判加盟している。土佐高知の富裕な町人郷士の息子だった龍馬は、剣術修行のため嘉永六年（一八五三）三月、一九歳のときに江戸へ向かい、ペリー来航に遭遇した。翌年のペリー再来航のあとは戦争になると思っており、そのときは「異国人の首をとって帰国する」と父宛ての手紙に書いている。青年龍馬は血気盛んな攘夷主義者であった。だが、勤王党入党の翌文久二年三月には脱藩している。

脱藩後、龍馬は下関、九州各地、京都を経て江戸に行き、松平春嶽《まつだいらしゅんがく》を訪ねて春嶽の政治顧問横《よこ》井小楠《いしょうなん》と幕臣勝海舟への紹介状をもらっている。一介の土佐郷士にすぎない龍馬が、大藩の前越前藩主になぜ会見できたのか不思議だが、これが勝との会見を可能ならしめたのであるから、幕末維新史にとってはきわめて重要な会見であった。

脱藩した年の一〇月、春嶽の紹介状をもって龍馬は勝に会った。勝はもともと開国論者であり、二年前には咸臨丸《かんりんまる》で太平洋を渡り、アメリカの力というものを見てきており、破約攘夷の不可能であることを知り抜いていた。勝は、そのことを攘夷主義者の龍馬に説いたことであろう。説得力ある議論に負けて、龍馬は勝の門人になった。幕府側の春嶽、小楠、勝といった大物に、いとも容易に龍馬は受け容れられた。多くの人を魅了する彼の人間性が、いよいよ花開きはじめた感がある。

朝廷では、幕府に破約攘夷の実行を迫る問題で賛否両論あったが、結局、文久二年（一八六二）九月二一日、三条実美を攘夷督促のため江戸へ派遣することが決まり、一〇月一二日に三条は出発した。一一月二七日に江戸に着いた三条は、将軍徳川家茂《とくがわいえもち》に攘夷督促の勅書を授け、家茂は一二月五日、「勅書の件、了解しました。攘夷実行の方法などについては上京のうえ申し上げます」と返書した。

翌三年二月、家茂は兵を率いて上洛した。将軍の上洛は三代将軍家光以来、じつに二二九年ぶりのことであった。三月七日、参内した家茂は、正式に「攘夷の件、承知しました」と返答したが、その際、朝廷側は改めて家茂に対して、「天皇の意思を尊重して、挙国一致して攘夷を実行するように。また政治問題については、事柄によってはただちに諸藩へ朝廷から命令することもあるから、前もって断っておく」という勅命を伝えた。

これに対して、家茂が「謹《つつし》んで承《うけたまわ》ります」という請書《うけしょ》を提出したため、その時点で攘夷が正式の国是（国の方針）となり、攘夷的行動は、幕府と朝廷から承認された正しい行動ということになった。

この勅命からもわかるように、このころになると、朝廷は大名を命令で京都に呼びつけ、政策の諮問《しもん》や幕府とのあいだの周旋にあたらせるようになっていた。いまや朝廷と幕府の力関係が逆転し、重要な問題は朝廷が処理すると主張し、幕府もそれを認めるようになったのである。

## 攘夷の決行

攘夷決行日を早く決めて幕府に命ずるべきだ、という久坂ら過激論者の声に押されるように、天皇は攘夷祈願のための行幸《ぎょうこう》を行った。文久三年（一八六三）三月と四月で、京都の上賀茂神社と下賀茂神社、それに石清水八幡宮《いわしみずはちまんぐう》（現、京都府八幡市）に行幸したのである。天皇が御所外に出るのは、二三七年ぶりのことであった。その間、幕府が許可しなかったからである。

この行幸は、天皇が有力な公卿《くぎょう》や大名、さらに将軍や老中などを従えての行列という形をとっていたので、見物する民衆に強烈な印象を与えた。行幸の計画者は長州の尊攘過激派であったが、いまや天皇は、日本最高の権力者であるということを示すのに成功したといえる。

このような攘夷気分に押され、四月二〇日にとうとう幕府は朝廷に対して、五月一〇日を攘夷決行の期日にしたいと報告した。つまり、この日を期して一方的な条約解消を諸外国に通知する、ということである。朝廷側の猛烈な押しに負けて、やむなく期日を決めてしまったのである。

これをうけて翌二一日には、朝廷から各大名に「五月一〇日を期して、敵を追い払え」という勅命が下され、二三日には幕府からも「五月一〇日を期して、敵がせめてきたら追い払え」という通達がなされた。「敵がせめてきたら」という条件が付く分、幕府の通達には、なるべく問題を起こしたくないという配慮がうかがえる。

文久三年五月一一日、久坂玄瑞配下の浪士隊が、豊前《ぶぜん》田ノ浦沖を航行中のアメリカ商船を砲撃した。また、日をおかずにフランス軍艦とオランダ軍艦をも砲撃した。これらはいずれも、相手が攻撃していないのに長州藩側から砲撃したもので、幕府ではなく朝廷の指令に従ったのである。六月一日、アメリカ軍艦は報復として、長州藩の軍艦二隻を撃沈、一隻を大破する。これで長州の軍艦は全滅した。五日にはフランス軍艦が壇ノ浦などの砲台を攻撃し、陸戦部隊を上陸させた。

この戦いは長州藩の完敗であったが、長州藩は挫《くじ》けなかった。その後も、翌四年八月の英米仏蘭の四国連合艦隊の攻撃で大敗を喫するまで、過激な尊攘論が藩是でありつづけたのである。

だが一方で長州藩は、アメリカ商船に砲撃を加えた翌五月一二日、井上馨《いのうえかおる》と伊藤博文らをイギリスへ秘密留学させている。攘夷の放棄と開国を予想しての処置と思われる。

そのようななかで、高杉晋作は文久三年六月七日、藩主の許可を得て、長州一の豪傑来《き》島又兵《じままたべ》衛《え》らとともに「奇兵隊」を結成した。高杉には藩の正規軍に対する、「有志の士」からなる軍隊の構想があったのである。それは下級武士五割、農民四割、その他一割の構成であった。

その後、長州藩内では、庶民からなる軍隊が次々に生まれた。その数四〇〇といわれ、力士からなる力士隊も存在するほどであった。これらを「諸隊」と呼び、このあと重要な役割を果たしていくことになる。

同じころ、鹿児島でもイギリスとのあいだで戦争が起こる。七隻の軍艦を率いたイギリス代理公使ニールが、前年の生麦事件の犯人引き渡しと賠償金の交渉を目的に、文久三年六月二七日、鹿児島湾に入ったのである。

だが、ニールは薩摩側が不誠実であるとして、汽船二隻を拿捕《だほ》する。これを「艦隊からの攻撃」と見なし、薩摩は艦隊に攻撃を仕掛けた。それに対して、イギリス艦隊も艦砲射撃を行い、鹿児島の全砲台を大破させる。イギリス側は旗艦の艦長と副長二名のほか一三人が死亡し、薩摩側の戦死者は五名であった。七月四日、艦隊は鹿児島湾を去っていった。

一一月一日、薩英戦争和議のための交渉が行われ、生麦事件の賠償金二万五〇〇〇ポンドの支払い、犯人を見つけしだい処刑するということで決着がつく。

この戦争で薩摩藩は、彼我の軍事力の違いがわかり、攘夷を捨てて開国路線に転じた。そしてイギリスに軍艦購入の周旋を依頼する。以降、イギリスと薩摩は、非常に良好な関係となった。

# 長州と薩摩

## 過激尊攘派の朝廷支配

文久三年（一八六三）五月と六月に、長州と薩摩は外国船に砲撃を加えて「攘夷」を行った。この年、幕末の攘夷運動は最高潮に達する。

ところで、幕末維新史で重要なのは、「勅（天皇の命令・言葉）」の概念である。勅こそが正当性の根拠であるとして、攘夷派も開国派も勅を欲しがった。そのために、天皇の奪い合いとなった。天皇を味方につけて、勅を出してもらうためである。朝議（朝廷の会議）のメンバーを自分の派で固めて都合のよい結論を出し、それを天皇に承認してもらって勅とするのである。

この方法で成立したのが、文久三年のクーデター（八月一八日の政変）や、王政復古のクーデターであり、さらには廃藩置県のクーデターである。

文久二年末から翌年にかけて、三条実美《さんじょうさねとみ》、木戸孝允《きどたかよし》それに久留米の神官真木和泉《まきいずみ》たちの尊攘過激派は、朝議メンバーを自派で固め、天皇を無視して、自分たちの意に添う勅を何度も出させるようになった。四月二一日の「五月一〇日を期して、敵を追い払え」の勅も彼らが勝手に出したもので、天皇は知らなかったという。また、彼らは天皇がまったく望まない大和への行幸を計画するようになった（この勅は八月一三日に出された）。

やがて天皇は、「自分の考えは少しも通らない」と言いはじめ、自分は「有名無実」の存在であり、「悲嘆この上ない」と嘆くようになる。

天皇は我慢しきれず、とうとう五月三〇日には島津久光に対して、早く上洛して「奸人《かんじん》（三条たち）」を「掃除」してほしいとの内勅を出すに至る。このままでは外国との戦争にまで進む可能性があり、それは天皇のもっとも避けたいことだった。天皇は、幕府と一緒に攘夷を行いたいという「穏健な」攘夷主義者であり、外国との戦争を引き起こしてその戦禍を京都御所にまで及ぼしかねない「過激な」攘夷主義者を嫌っていたのである。

混乱した朝廷の状況や天皇の憤慨が、京都薩摩藩邸より藩地鹿児島の久光に伝えられたのは、七月末ごろと思われる。薩摩は奸人を掃除する決断をした。

## 八月一八日のクーデター(七卿落ち)

文久三年(一八六三)、上京できなかった島津久光は、京都薩摩藩邸の藩士に対して、奸人掃除のための指示を与えた。

指示を受けた藩邸の高崎正風《たかさきまさかぜ》や奈良原繁《ならはらしげる》らは、もっとも憤慨している会津藩(松平容保《まつだいらかたもり》)の協力を得て、宮中工作を朝彦《あさひこ》親王に頼み、近衛忠熙《このえただひろ》や右大臣二条斉敬《にじょうなりゆき》の協力も取り付けた。

さらに、八月一六日には天皇も決断した。もちろん、裏でこのような動きがあることを三条たちは知らない。

八月一八日の早朝一時ごろ、会津・薩摩両藩兵が警護するなか、朝彦親王、近衛忠熙父子、二条右大臣、それに容保ら公武合体派の公家・諸大名が参内し、大和行幸の延期、三条ら尊攘派公家の参内と面会の禁止、長州藩の堺町門警備の停止などが宣言され、実行された。

一方、三条、木戸、久坂玄瑞《くさかげんずい》、それに真木たちは善後策を協議したが、勅命には逆らえないので、結局、長州に引き上げることになった。一九日、彼らは雨の中を長州へと逃れていった。いわゆる「八月一八日のクーデター(七卿落ち)」である。

このクーデターは、土佐藩にも大きな影響を与えた。同年、再び藩の実権を握った山内容堂《やまうちようどう》は、土佐勤王党を弾圧しはじめたのである。五月には藩政改革をもくろんだ罪で党員三人が死罪となり、八月には武市瑞山《たけちずいざん》が捕らえられ（のちに切腹）、ここに勤王党は壊滅する。

このとき、薩長盟約運動で重要な役割を果たす勤王党員の中岡慎太郎と土方久元《ひじかたひさもと》は、クーデター後土佐を脱藩して長州に逃れ、そこで三条の衛士となっている。

**参予会議と一会桑**

クーデター後、政局は横浜鎖港をめぐって大きく動いていく。横浜は通商条約により、安政六年（一八五九）六月には、長崎、箱館とともに開港され、すでに自由貿易がはじまっていた。横浜在住の欧米人も、その多くは貿易商人であったが、安政七年に四四人だったのが文久三年（一八六三）には二〇〇人にまで増加し、日本最初のプロテスタント合同教会や聖公会堂（のちの横浜クライストチャーチ）が設立され、宿泊と食事のできる洋式ホテルも開業し、クリーニング業もはじまったりして、横浜は非常な活気を呈していた。

だが、そのような欧米文化が神国日本に浸透していくことを望まない孝明天皇は、もっとも重要な横浜港だけは閉鎖してほしいと強く望んでいた。

天皇の意をくんで上京してきた島津久光の提案により、朝廷に参予会議が設けられた。島津久光（薩摩）、松平春嶽《まつだいらしゅんがく》（越前）、山内容堂（土佐）、伊達宗城《だてむねなり》（宇和島）の四侯ならびに幕府側を代表する一橋慶喜《ひとつばしよしのぶ》と松平容保の六人が朝議に参加できる参予に任じられ、文久四年一月から同年三月（二月二日に改元し元治元年）まで、武家が参加しての朝議が開かれた。

これは、諸侯や幕府側代表が参加する朝議で決めて国是にしようとするもので、朝・幕・藩の三者協力体制にほかならない。

だが、横浜鎖港を天皇から諮問されて、四候と慶喜のあいだで対立が生じる。幕府側は、現実的には横浜鎖港は無理だと判断していたが、天皇の意をくんで横浜鎖港を将来的目標として設定し、「横浜鎖港に努力する」を案としていた。そして諸侯も幕府案に賛成していた。しかし、公家たちは将来的目標ではなく、「横浜鎖港を急いで実現する」に改めることを要求した。

一方、当初幕府案に賛成していた慶喜は、その後意見を急変させ、二月一八日には「鎖港をぜひとも成功させる」を参予諸侯の総意だとして、四侯の了解を得ることなく勝手に朝廷に届けてしまう。慶喜の変節の理由は明らかでないが、久光に対する幕閣の不信感が強かったためといわれる。

この件で公武合体を諦めたくない久光たちは折れ、やむなく慶喜に従うことになった。一九日、横浜鎖港が国是となったのである。朝廷や慶喜のやり方に失望した四侯は、三月上旬までに参予の辞表を提出して、ここに会議は瓦解した。

政策決定の場の正式なメンバーになるという形での、諸侯の政治参加は参予会議が史上初めてであり、画期的な体制として朝廷・幕府・藩の三者から期待されたが、結局、慶喜の剛腕により実効を上げることはできなかった。

参予会議の失敗は、幕藩体制の再編・強化による危機の克服には限界があることを示し、それに対する疑念を生み出すことになる。

幕府の力の弱体化にともなって天皇の発言力がしだいに強くなり、直接大名を上洛させて諮問を行ったり、幕府への周旋をさせるようになってきた。文久二年に入ると、政治の舞台は江戸から京都に移った感がある。それにともない、京都の政情が不安定化してくる。

松平容保が京都所司代として文久三年一二月に着京したのにつづいて、翌元治元年(一八六四)三月、一橋慶喜が、朝廷の設置した禁裏《きんり》守衛総督の地位につく。これは京都に常住し、禁裏(御所)をあらゆる危険から守ることを第一の任務とするものである。また、京都の警護では幕府創立当時から京都所司代が設置されており、この年四月に容保の弟で桑名藩主の松平定敬《さだあき》が任命された。なお、一橋慶喜の「一」、会津藩の「会」、桑名藩の「桑」の頭文字三語をとって、慶喜、容保、定敬の三人は「一会桑《いちかいそう》」と呼ばれる。

一会桑は、いわば幕府側から京都に送り込まれた人たちであるが、天皇や朝廷の要人、上京する大名やその家臣、あるいは京都の政情を知るにおよんで、しだいに京都（朝廷）寄りの立場をとるようになり、やがて彼らと江戸の幕府首脳陣とのあいだに意見の相違が生じるようになる。

**長州激派の上洛強行**

文久三年（一八六三）八月一八日のクーデターから翌年七月の禁門の変に至るあいだでの重要な出来事として、長州藩の尊王攘夷運動がさらに激化したということと西郷隆盛の登場、そして池田屋事件があげられる。

まずクーデター後の長州は、先の下関戦争も朝廷の命令に応じただけであり、悪いのは公家たちをたぶらかし、自分たちを京都から追いやった会津と薩摩、とくに会津であると考えた。長州藩士品川弥二郎などは、下駄の裏に「薩賊会奸《さつぞくかいかん》」と書いて踏み付けていたほどである。京都を追放されたのはまったくの冤罪《えんざい》であると考えている長州は、藩の行動を釈明し、入京を許可してくれるよう行動を起こしたが、なかなか受け入れられなかった。

前年のクーデター以降、長州藩の政権はめまぐるしく変わる。幕府寄りの椋梨藤太《むくなしとうた》らの「俗論党」は、これまで過激な攘夷を主張してきた「正義党」を猛烈に批判し、藩主父子に正義党の指導者周布《すふ》政之助《まさのすけ》らの追放を訴えた。これが成功し、九月一日には俗論党政権が成立する。だがこの政権も長続きせず、わずか一〇日で再び正義党政権になった。その結果、周布は返り咲き、椋梨は隠居処分となる。

参予会議が行われていたころ、長州藩では藩主父子や重臣らの「割拠派」に対して、武力を背景として上京し、公武合体派に圧力をかけて自分たちの冤罪を晴らそうという「進発派」の勢いが強くなった。そのリーダー格が、久坂、真木、それに来島又兵衛《きじままたべえ》らの尊攘激派である。高杉や当時京都長州藩邸にいて諸藩に働きかけ挽回策を練《ね》っていた木戸孝允も当初は彼らと同意見であったが、やがて距離をおくようになる。

**西郷隆盛の登場**

長州の進発派が上洛を志すようになった元治元年（一八六四）三月、西郷が許されて沖永良部《おきのえらぶ》島《じま》から鹿児島に帰ってきた。風雲急を告げる京都政情に対処するためである。

西郷は島津久光との約束を破ったことで彼の逆鱗に触れ、一年半前の文久二年（一八六二）六月に沖永良部島に遠島されていた。その間の座敷牢での生活は厳しく、かなりやせてしまった。現在、東京の上野公園の銅像にみる西郷は太っているが、若いころの西郷は背の高いスラッとした体形であった。島での半断食生活で元の体形に戻ったのである。土佐勤王党の武市瑞山や新選組の近藤勇と同様、西郷は酒の飲めない甘党であった。それが彼を太らせたのかもしれない。

ところで、この遠島体験は、精神的にも西郷にとって大きな意味をもつものであった。多くの書を読み、ものを考えることで、自分の思想を深化させた。のちに内村鑑三がイエスの教えとの共通性を看破した「敬天愛人」の思想に到達する足掛かりを得たのは、この時であったと考えられる。

また、この期間の京都での政治状況は、大久保利通《おおくぼとしみち》らからの手紙によって知らされてはいたが、自分が貢献できないことを非常に残念に思っていた。だが、そのような状況をつくった責任の一端は、自分にあるとも思ったようである。久光との約束を破って独断専行すれば、自分の政治的信念を貫くことはできないということを、このとき西郷は身に染みてわかったのである。

西郷は三月一四日に京都に着くとさっそく軍賦役《ぐんくばりやく》に起用され、京都薩摩藩邸を家老小松帯刀《こまつたてわき》とともに指導していくことになる。

一八日、帰国前の久光と会った西郷は、以前とは異なり、すっかりおとなしくなっていた。同席していた大久保利通はそのときの様子を「今回は概して議論もおとなしく少しも心配はなく、安心致しました」と友人宛ての手紙に書いている。

ところで、長州藩主毛利慶親《もうりよしちか》は家臣の発言には異論をはさまず、なんでも「そうせい」と言ったので「そうせい侯」と呼ばれたという。そこでの藩主自身の意志表示は希薄である。それに対して、久光は自分の意志を明確に示した。だが、それを家臣に強制する独裁者ではなかったし、また独裁者たる必要もなかった。それは亡き島津斉彬《しまづなりあきら》の遺志たる「公武合体」「禁裏（皇国）の守衛のための挙藩出兵」を実現することが、久光と西郷たち家臣の共通する目標であったからである。

だが、保守的心性の久光は、主従の区別の意識は強かった。西郷にしても、自分の重要な行動は、必ず久光の許容範囲、または久光を説得できると思った範囲のもので、それを逸脱するとすぐに呼び戻され、下手をすると島送りになるのであった。薩長盟約、幕長戦争、大政奉還、王政復古のクーデター、鳥羽伏見の戦いなどに対する処置では、久光と家臣のあいだには対立がみられない。だから、西郷たちはやりやすかったのかもしれない。ただ、他の薩摩藩首脳部とは異なり、久光と西郷とのあいだに対立があったとすれば、それは西郷の極端な久光嫌いという感情的な理由によるものである。

四月一八日、久光は西郷に「禁裏守衛第一」を言い含め、鹿児島に向け京都を出立した。

西郷隆盛が帰還して三か月たった元治元年（一八六四）六月、京都で大きな事件が起こった。池田屋事件である。

このころ、前年のクーデターの立役者であった朝彦親王や松平容保の家臣に対するテロが起こったり、天皇を長州に奪い去るという噂が飛び交っていた。もちろん長州を支持する者の仕業《しわざ》である。

そうした不穏な空気のもと、京都守護職配下の新選組局長近藤勇・副局長土方歳三らは、尊攘激派三十数人の会合が京都三条河原町の池田屋で行われるという情報をつかむ。そして六月五日、一会桑側による厳しい警戒のなかで、彼らは池田屋を急襲した。会合への参加を予定していた木戸孝允は辛くも難を逃れるが、松門四天王のひとり吉田稔麿《よしだとしまろ》をはじめとする長州藩、土佐藩、肥後藩の尊攘家が池田屋の外で殺害された。

### 禁門の変

六月一一日に池田屋事件の報告を受けた長州藩首脳部は激昂した。彼らは、松平容保（会津藩）への報復と朝廷への嘆願のために、上洛することを決意する。

そして、六月下旬までに福原越後《ふくはらえちご》、国司信濃《くにししなの》、益田右衛門介《ますだうえもんすけ》の三家老が上京を開始し、朝廷に会津藩と戦うことの許可を求めた。このころ諸藩や公家のなかには長州藩を支持する者も多く、京都の民衆も長州に好意的であった。職業がら京都の平安を守らなければならない一橋慶喜は、それらの意見を押さえつけた。だが、長州勢はなおも京都在の会津兵との戦いを求めて今にも入京せんばかりだったので、元来会津びいきだった天皇は、とうとう七月一七日、「速《すみ》やかに長州勢を討て」との勅語を出すに至る。

長州藩内部では引き下がるべきだとの意見もあったが、来島又兵衛らの進発論が会議の空気を制し、一八日、とうとう禁門を守っていた会津藩兵らとのあいだで戦いがはじまった。

戦いは翌日の、最大の激戦地であった禁門の戦いで、会津軍に小松帯刀・西郷隆盛率いる薩摩軍が加わったことにより決着がついた。長州側の大敗であった。これが禁門の変である。久坂玄瑞、真木和泉、来島の三人は死亡し、あとは国元へ敗走した。

強力な反対意見があるなかで、慶喜は参予会議を天皇の意に添う「横浜鎖港」にもっていき、禁門の変直前での対長州方針を討伐へともっていった。これらのことで天皇の慶喜に対する信頼感は一気に高まり、それに反して開国論者島津久光に対する信頼は薄らいでいった。

七月二三日、「長州藩を討つべし」との勅命が下った。八月二二日には、禁門の変時、長州藩兵が御所に向かって発砲したということで、朝廷は長州を朝敵（天皇に反逆する賊）とし、藩主父子の官位（と官職・官名）を剥奪《はくだつ》した。

これは要するに、御所では庶民として扱われ、江戸城では平の藩士と同じ扱いを受けるということであり、藩主父子はもちろんのこと藩士にとっても最大の恥辱である。また、藩主の名前「慶親《よしちか》」も「敬親《たかちか》」と変えざるをえなくなった。

それからのちの長州は、文久三年（一八六三）八月のクーデターでの冤罪《えんざい》を晴らし、朝敵の汚名を晴らすことを最大の目標とし、そのために薩摩の援助を求めるようになる。その成果が薩長盟約なのである。

**四国連合艦隊の下関砲撃**

禁門の変の知らせが届いたころ、長州ではもうひとつの大事件が起きる。

元治元年（一八六四）八月五日にやってきた英米仏蘭の四国連合艦隊が、下関海岸の砲台に攻撃を仕掛け、また上陸したのである。これは、長州藩がつづけている関門海峡の封鎖を解除するためであった。封鎖のせいで長崎港での貿易が壊滅的状態となり、各国は経済上の不利益をこうむっていたのである。

奇兵隊など長州側は善戦したが、不十分な軍備により長州側の一方的敗戦に終わった。

長州藩は一月の脱藩罪で謹慎処分になっていた高杉晋作を八月四日に赦免し、八月八日にはじまった講和会談に、藩主代理として連合国側の旗艦ユーリアラス号のキューパー提督と交渉させた。その際、前年五月からイギリスに秘密留学していた伊藤博文と井上馨《いのうえかおる》が英国の新聞で下関砲撃計画のことを知り、急遽帰国して、この会談の通訳をしている。

この会談で、イギリス公使オールコックは賠償金三〇〇万ドルを要求してきた。長州藩に支払い能力のないことを知っていた彼は、代わりに幕府に賠償させることを考え、その際、兵庫（神戸）開港を要求しようとしていた。

この戦いのあと、下関には外国船が寄港し、船員が上陸するようになる。これは非合法的な開港であり、禁門の変や四国連合艦隊との戦いを通じて、長州藩は破約攘夷の不可能であることをやっと理解した。そして周布政之助、木戸孝允、高杉晋作らがかねて構想していたように、長州藩は開国策に急転換するのである。

なお、やがて長州藩の指導者となる木戸は、禁門の変には参戦しなかったが、それまで強硬な攘夷論で藩を引っ張ってきたため、帰藩はしにくかったとみえ、京都を抜け出して八月から翌慶応元年（一八六五）四月まで、出石《いずし》（現、兵庫県出石町）に潜伏していた。京都脱出の際、のちに妻となる芸伎幾松に助けてもらったという話がある。

この潜伏期間は、彼にとって人生で一番つらい時期であったかもしれないが、一方でその間に愛人をつくり、失意を慰めていたともいわれる。ずいぶんもてる男だったようである。

## 第一次長州征討

長州は、禁門の変で御所に対して発砲するという犯罪を犯した。一般に犯罪者を処罰する場合、まず犯罪者に、①罪状を認めさせ、②量刑を確定し、③それを執行する、という段階が踏まれる。

禁門の変後の元治元年（一八六四）八月、幕府は諸藩に号令して軍を長州に派遣することにした。脅して罪を認めさせようというわけである。認めなければ、最悪の場合、攻め込んで降伏させるということになる。これが第一次長州征討といわれるものである。

同年一〇月、征長総督の前尾張藩主徳川慶勝《とくがわよしかつ》から、参謀として長州処分問題を一任された西郷隆盛は、慶勝に穏やかな処分をするべきだとの意見を述べた。

西郷は当初、長州に対して厳しい処分を考えていたが、九月一五日に大坂で会った勝海舟の影響により、寛大な処分へと変わっていったのである。また、国元の久光や大久保も、苦境にある長州を追い詰めると抵抗されて内乱になる恐れがあるとして、厳罰を望んではいなかった。

当時、勝は幕府の軍艦奉行をしており、幕府と諸藩共有の海軍をつくるべく神戸で海軍操練所を開設していた。龍馬は属していなかったが、併設されていた勝塾の塾頭格であった。

この会談で、西郷が予想される英米仏蘭艦隊の兵庫港来航について対策を尋ねたところ、勝は、もはや幕府には期待できない、むしろ「明賢の諸侯四、五人が会議を開いて外国に対抗できる兵力を備え、横浜・長崎の二港を開き、兵庫港は筋を立てて談判し、条約を結べばよい」と主張した。それを西郷は有力諸侯による「共和政治」と理解した。勝の藩意識を超えた政治観に接して、西郷は「実に感服の次第」と大久保宛ての手紙に書いている。

こうして西郷は、厳しい長州処分は幕府を助けることになり、それよりはむしろ来《きた》るべき「共和政治」の一員として、長州藩を雄藩として残したほうがよいと考えるようになった。

その後、西郷は服罪の証《あかし》として、禁門の変の責任者（国司信濃、福原越後、益田右衛門介の三家老）の首級提出と、五卿（当初の七名から一名脱落、一名死亡）の長州藩外への転出を求めた。それに対して、俗論党政府は三家老の首級を提出したが、五卿の転出問題は奇兵隊などの反対があり難行した。

これは一二月、西郷が死を覚悟して、薩摩藩士の吉井友実《よしいともざね》と税所篤《さいしょあつし》だけを連れて敵地の下関に潜入し、中岡慎太郎や奇兵隊幹部を説得することで解決した。勝が『氷川清話《ひかわせいわ》』のなかで、自分が西郷に及ばないものとしてあげた「大誠意」とは、このようなものであろうか。

服罪の証が示されたので、一二月二七日、一五万の征長軍は撤兵し、第一次長州征討は終了した。撤兵後、徳川慶勝は幕府に対して処分内容を報告した。それは、毛利敬親父子の隠居と一〇万石削減を主な内容とするもので、きわめて軽いものであった。天皇・一会桑・幕府は大い

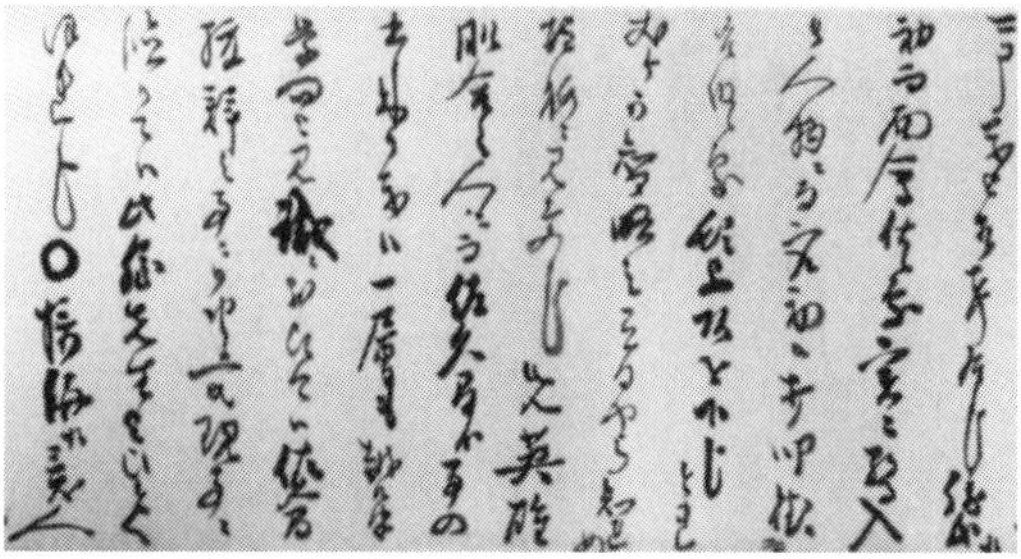

**西郷隆盛が大久保利通に宛てた手紙(元治元年九月一六日付)**
西郷が幕臣勝海舟に会ったときの感激を大久保に報じた手紙。そのなかで、勝は共和政治の思想を展開し、西郷に大きな影響を与えた。

勝氏へ
初て面会仕候処、実に驚入
候人物にて最初は打叩賦《つもり》にて
差越候処頓と頭を下申候、どれ
丈ケか知略のあるやら知れぬ
塩梅《あんばい》に見受申候。先《まず》英雄
肌合の人にて、佐久間より事の
出来候儀は一層も越候はん、
学問と見識においては佐久間
抜群の事に御座候得共、現時に
臨候ては、此勝先生とひどく
ほれ申し候　○

勝氏へ
初めて面会しましたところ、じつに驚い
た人物で、最初やり込めるつもりで
行きましたが、頭を下げました。どれ
だけ知略があるやらわからないように
見受けられました。まず英雄
肌合いの人で、佐久間象山より事の
できることは一層も超えています。
学問と見識では佐久間が
抜群ですが、現実の政治問題に
臨んでは、この勝先生とひどく
惚れ込んでしまいました。　○

に不満をもったらしく、一橋慶喜は慶勝について、「芋（西郷）に酔った」と皮肉を言っている。

このころから西郷や薩摩藩の幕府離れが加速し、長州接近がはじまったようである。

西郷が長州処分で苦慮していたころ、長州藩内では正義派と俗論派のあいだで壮絶な政権争いが生じていた。元治元年（一八六四）の禁門の変後は正義派が変の責任を問われ、門閥中心の俗論派が政権を握った。正義党の指導者だった周布政之助はその責を負い、九月、自刃している。だが、高杉晋作一派や奇兵隊をはじめとする非正規の諸隊がやがて反旗を翻すようになる。

一二月一五日の深夜、高杉は雪の積もるなか、暇乞《いとまご》いのためまだ長府に蟄居していた五卿を訪ね、今から下関新地の藩会所を襲い、俗論党を討つと挨拶し、「是よりは長州男児の腕前お目にかけ申すべし」と叫んだという。「下関挙兵」といわれる。高杉に成算があったわけではなく、遺書を認《したた》めての挙兵であったから、まことに男気あふれる行動である。

尊攘派浪士の助けや政商からの資金援助があり、諸隊も最終的には高杉側についたため、俗論党を追放することに成功した。敗れた俗論党の椋梨藤太は捕らえられ、一二月斬首された。

翌二年（一八六五）三月一七日、長州藩は、幕府には恭順の姿勢をみせつつ、藩内では軍事力強化に努めるという「武《ぶ》備恭順《びきょうじゅん》」策を藩是とし、幕府の圧力に立ち向かうことになる。

# 薩長提携の兆し

## 長州再征の布告

新体制の確立へ向かう長州藩とは対照的に、幕府はいよいよ政権末期の姿をみせはじめる。

元治二年（一八六五）二月上旬、二人の老中が幕兵三〇〇〇を率いて上京してきた。彼らは大金で公家を買収して一会桑体制を崩壊させ、自分たちが朝廷を掌握して幕府による京都支配を強化せんとしたのである。だが、この計画は、大久保利通《おおくぼとしみち》の懸命な朝廷工作が功を奏して、失敗に帰す。

ここで露呈された幕府の自己過信と現状認識の甘さは、その後の長州対策にもつづいてゆく。

元治元年の第一次長州征討の際、西郷が寛大な処分で撤兵させたことに対して、小笠原長行《おがさわらながみち》や小栗上野介《おぐりこうずけのすけ》らのタカ派首脳は大いなる不満をもち、翌二年一月四日、総督徳川慶勝《とくがわよしかつ》に対して、長州藩主毛利敬親《もうりたかちか》父子を江戸へ護送することを命じた。一滴の血も流さずに長州を屈服させたのは幕府の力によるものと錯覚し、長州は素直に応じるものと思っていたのである。だが、期待に反して長州藩は拒絶した。

また長州藩は、同年の禁門の変直後の四国連合艦隊との戦いで、アメリカ艦隊に撃沈された戦艦をアメリカ船フィーパン号に上海《シャンハイ》まで曳航《えいこう》してもらって売却し、その代金で武器を輸入した。それをオランダ総領事から幕府は知らされた。長州が禁門の変での罪を認めておきながら、裏では対幕府戦を想定してか、武備に努めていることが幕府に露見してしまったのである。

長州の真意がわかった幕府は態度を硬化させ、慶応元年（一八六五）四月、五月一六日を期して将軍徳川家茂《とくがわいえもち》が長州再征のため進発することを布告した。

こうした幕府の動きに対して、長州は徹底抗戦の方針を決めていたが、薩摩も態度を決める必要に迫られた。そのために、京都にいた西郷隆盛と小松帯刀《こまつたてわき》は、鹿児島に帰ることになった。そのとき、彼らは坂本龍馬と土佐脱藩浪士たちを同伴した。

前年に勝海舟のつくった神戸海軍操練所は、同所の訓練生のなかに禁門の変で長州のために戦った土佐脱藩浪士たちがいたことから幕府の嫌疑を受け、閉鎖されるに至った。その際、行き場のなくなった浪士たちを勝の依頼により、薩摩藩が預かっていたのである。西郷たちは藩首脳部と相談して、再征には協力しないことを決めた。

鹿児島の藩論決定を知った龍馬は、二週間ばかり鹿児島にいたのち、五月一六日、長州に向け、鹿児島を出立した。この日が、龍馬の薩長盟約運動のはじまりであり、翌二年の盟約締結へと結実する提携運動のはじまりである。

だがその直前に、別の薩長盟約運動が京都ではじまっていた。

## 西郷隆盛のすっぽかし事件

慶応元年（一八六五）五月一三日、京都薩摩藩邸において、在京の薩摩藩士と土方久元《ひじかたひさもと》、中岡慎太郎が集まって、西郷隆盛と木戸孝允《きどたかよし》を会談させようという話がまとまった。つまり、当時鹿児島にいた西郷に上京する予定があり、その途中で下関に立ち寄らせ、翌月一〇日ごろに木戸と会談させようという計画である。

同席の薩摩藩士の同意が得られたので、土方は長州に行って木戸を説得し、中岡は鹿児島に行って西郷を説得することになった。

その結果、木戸と西郷は了承したが、西郷は結局、下関に立ち寄らずに上京してしまい、この計画は実現しなかった。これが有名な「西郷のすっぽかし事件」である。

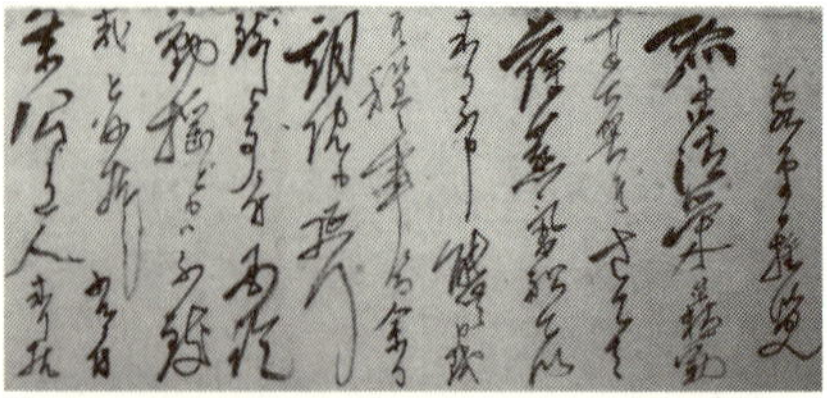

**木戸孝允が藩重役に宛てた手紙（慶応元年閏五月一七日付）** 西郷到着の期限がすぎても西郷がいっこうに来ず、藩論の動揺を懸念する木戸の心情が伝わってくる。

乱筆御推覧
弥《いよいよ》　御清栄御精勤
奉大賀候、さては
薩蒸気船今以
来り不申、態々《わざわざ》申越
候程之事ニ而《て》、余り
期限も延引
致し候事ニ付、国論
動揺どもハ不致
哉と存居申候、右ニ付
条公より一人来り居

乱筆にてご推覧願い上げます。
いよいよご清栄ご精勤
お祝い申し上げます。さて
薩摩の（西郷の乗った）船はまだ
来ません。先日の手紙でとくにお伝え
しましたが、あまりに、
期限が延びて
しまいましたので、藩内の国論が
動揺しはしない
かと心配しています。そういうことで
三条実美公の元から一人来ていた

## 薩長は犬猿の仲だったか

この当時、「薩長は犬猿の仲だった」といわれる場合があり、中学・高校の歴史教科書にも、そのように書かれている。その仲を取り持って盟約させたのが龍馬だとされる。果たして実情はどうだったのだろうか。薩摩藩では、文久三年（一八六三）一二月、幕府から借りていた長崎丸が奇兵隊によって撃沈され、乗組員四〇人が死亡するという事件が起き、反長州の感情が強くなった。だが、禁門の変のあとから、その感情は変化しはじめる。

明治洋画壇の開拓者だった黒田清輝の養父黒田清綱は、禁門の変直後の元治元年（一八六四）八月、島津久光への上書のなかで、「幕府は長州の次は薩摩を討とうと考えている」と書いている。

つまり幕府は、まず薩摩に長州を討たせ、その後、力の消耗した薩摩を討てば、目障りな二つの外様雄藩を滅ぼすことができ、幕威を回復させることができると考えている、ということである。これは容易に思いつかれる考え方であり、また長州接近へと導く考えでもある。そして藩上層部はこの上書に影響を受けた可能性がある。

それは、この上書の影響を受けたかのように、翌九月、おそらくは薩摩藩首脳部からの指示によって、京都の西郷隆盛が薩摩藩士高崎五六《たかさきごろく》を長州支藩の岩国藩吉川《きつかわ》家に派遣し、提携の意思表示をしているからである。同月三〇日、高崎は同家重役と対面し、禁門の変は長州藩の一部の過激派が起こしたものと理解を示し、幕府は衰微しており、皇国のためには大藩が手を結ぶ必要があり、そのために薩摩藩は全力で長州処分が寛大になるよう周旋にあたる覚悟である、と伝えた。

これに対して吉川家は、本藩に報告のうえ、同年一〇月二日、薩摩に提議を受け入れる旨の返答を行っている（『修訂防長回天史』）。

長州と手を結び、処分を寛大にするというのが、禁門の変直後の薩摩藩の方針だったと思われる。そして、この対長接近の姿勢が翌年も継続されていたことを、日本近代政治史を専門とする高橋秀直氏は、おおよそ以下のように説明される。

すでに述べたように、五月一三日、京都藩邸の薩摩藩士は、西郷と木戸孝允を下関で合わせようとの土方久元と中岡慎太郎の提案を了承し、早速実行に取り掛かっている。だが、そのとき京都には島津久光父子、西郷、小松帯刀《こまつたてわき》それに大久保利通もいなかった。すなわち京都薩摩藩邸の藩士たちは、藩の実力者、とくに国父久光の承諾を得ずに行動に移っている。だが、久光の許しを得ずに重要な国事の予定を組むということはきわめて無謀なことであり、西郷でさえそのようなことはしなかった。にもかかわらず、薩摩藩士たちは予定を組み、さっそく行動に移った。これはなぜだろうか。

それは、対長接近が薩摩藩の既定方針であったからである。その方針を実現するためなら、勝手に予定を組まれても、西郷も国元も不満はないはずである。このように、対長接近はすでに当時の薩摩藩の方針、藩論になっていたものと考えられるのである。

長州藩の場合はどうだったのだろうか。後年の木戸孝允の回想記によると、この当時の長州藩の目標は、「藩外では薩摩藩と合し、藩内では岩国藩と和し、兵制を西洋式に改める」の三大改革であった。すでに薩摩との提携は、木戸においては存在していたのである。また、伊藤博文や井上馨《いのうえかおる》ら革新的藩首脳部の回想記も同様のことを記している。だが、藩内は薩摩の場合とは異なり、一枚岩ではなかった。では、ほかの藩首脳部ではどうだったのだろうか。

慶応元年（一八六五）五月下旬、長州藩士の小田村素太郎は、鹿児島から長州へ行く途中の坂本龍馬と太宰府で会った。そのとき小田村は龍馬から、西郷隆盛と小松帯刀が長州のために尽力する用意のあることを聞いた。そして帰藩した小田村からの報告により、薩摩や西郷らの事情を知った長州藩政府は、対処法を検討するべく協議を行った。

そのころ藩主側近の直目付《じきめつけ》のあいだでは、「薩摩の小松や西郷が長州のため周旋尽力してきた様子だが、これまでは岩国藩（長州支藩）吉川家からの内々の依頼によっており、本藩との情実は詳しくは通じていないようにみえる。そこで藩主父子のお考えとして吉川家より小松・西郷らへ改めて依頼を仰せ下さるようなされてはどうだろう」という考えがあった。これは要するに、長州藩主父子が吉川家を通じて長州のため周旋尽力してくれるようにとの依頼を、改めて小松・西郷にしたほうがよい、ということである。これは直目付の考えである。

だが、藩政府側はそれと異なる見解をもっており、藩重役広沢真臣《ひろさわさねおみ》は五月二八日付木戸宛ての手紙において、「薩摩へ藩主父子から改めて依頼することなどすべきでない、当今、薩摩のいろんな風評があるが不分明であり、そのような状態で手を出したのではどんな害が生じるか測りがたいからである。当面はこれまでのとおり、吉川家からの依頼というやり方でよい。薩摩が本当に神州（朝廷）のために尽力するというのであれば、長州も私怨《しえん》を捨てるのは当然である。だが、現在の困難を凌《しの》ぐために手を下す、つまり薩摩と付き合うということはすべきでない」と書く。

ここで明らかなように、藩政府は対薩接近に反対しているわけではなく、これまでのように吉川家を通じてやればよい、だがそれは長州の差し迫る困難を凌ぐために薩摩に助けてもらうというのではなく、神州のため両藩が「対等な」関係で付き合うという形でなければならない、と主張しているのである。

また、五月一三日の土方久元・中岡慎太郎・薩摩藩士の会合は、薩摩藩の対長接近姿勢を示すとしたが、同様の論理を用いるならば、この会合は、長州藩の対薩接近姿勢をも示すのである。中岡は四月三〇日、亡命先の出石《いずし》から下関に帰ってきて藩の重役に復職した木戸と会った。そしてその後、中岡は、西郷・木戸の会合を提案し、さっそく行動に移ったが、それは中岡が、長州の対薩接近の姿勢を木戸から聞いて知っていたと思われるからである。

以上により、木戸だけでなく長州藩政府も「対等な関係での」という条件はつくが、対薩提携論の意向をもっていたことは明らかである。

ちなみに五卿も、薩摩の対長接近の姿勢を知り、木戸に対して対薩接近を勧めている。禁門の変のころまでは、両藩には憎しみの感情があったであろう。だが時間が経ち、冷静に物事を考えられるようになるにつれ、少しずつ相手に対する感情も変化していったと思われる。

また、これまで述べてきたように、とくに藩首脳部によって記された手紙などの史料から判断するかぎり、両藩首脳部においては、早くから相手との提携を志向する姿勢がみられる。一般藩士はともかく、藩の将来のことを考える首脳部にとって、このような対処は当然のことである。

当時薩長両藩は、ともに幕府に対立するという位置におり、対策を迫られていた。このような政治力学的状況のもと、両藩は接近せざるをえなかったといえる。両藩首脳部の意識は、犬猿の仲からはほど遠かったのである。その動きの具体的兆しは、土方久元の日記『回天実記』における、征長軍撤兵からわずかひと月半後に、薩摩藩士と長州藩士による「薩長和解」のための会合が開かれた、という記述に見出すことができる。

このような状況のもと、両藩の提携を望む坂本龍馬や中岡慎太郎の活動がいよいよはじまり、時代は薩長盟約に向かって動きはじめるのである。

## 参考文献

・石井寛治『開国と維新』小学館、一九八九
・一坂太郎『高杉晋作』文春新書、二〇〇二
・内村鑑三『代表的日本人』岩波文庫、一九九五
・大江志乃夫『木戸孝允』中公新書、一九六八
・落合弘樹『西郷隆盛と士族』吉川弘文館、二〇〇五
・笠原英彦『大久保利通』吉川弘文館、二〇〇五
・勝海舟『氷川清話』中公クラシックス、二〇一二
・芳即正『島津久光と明治維新』新人物往来社、二〇〇二
・木戸公伝記編纂所『松菊木戸公伝』（上）臨川書店、一九七〇
・西郷隆盛全集編集委員会『西郷隆盛全集』（一）大和書房、一九七六
・佐々木克『大久保利通と明治維新』吉川弘文館、一九九八
・佐々木克『幕末政治と薩摩藩』吉川弘文館、二〇〇四
・末松謙澄『修訂防長回天史』柏書房、一九八〇
・高橋秀直『幕末維新の政治と天皇』吉川弘文館、二〇〇七
・中岡慎太郎「海西雑記」（宮地佐一郎編『中岡慎太郎全集』）勁草書房、一九九一
・日本史籍協会編『大久保利通日記』（一）東京大学出版会、一九六九
・坂野潤治『西郷隆盛と明治維新』講談社現代新書、二〇一三
・土方久元『回天実記』新人物往来社、一九六九
・宮地佐一郎編『龍馬の手紙』講談社学術文庫、二〇〇三
・吉田松陰「留魂録」（『吉田松陰全集』〈六〉）大和書房、一九七三

# 第二章——薩長盟約運動の展開

# 薩長提携運動のはじまり

## 坂本龍馬と木戸孝允の始動

薩長を提携させようという運動は、第一次長州征討が行われていた元治元年（一八六四）末から、筑前（福岡）藩士の月形洗蔵《つきがたせんぞう》と早川養敬《はやかわようけい》らにより行われていたが、彼らが筑前勤王党の大弾圧によって殺されるなどした結果、その運動は三条実美《さんじょうさねとみ》らの五卿衛士《えじ》をしていた土佐脱藩浪士の土方久元《ひじかたひさもと》と中岡慎太郎によって受け継がれる。

薩長盟約の大立者である西郷隆盛、木戸《きど》孝允《たかよし》、それに坂本龍馬の三人が実質的に接近活動をはじめたのは、慶応元年（一八六五）五月ごろである。この月に計画された西郷と木戸の最初の会談は、西郷のドタキャンによって実現しなかった（八一ページ参照）。それとほぼ同じころに登場したのが龍馬である。彼は薩長提携を成功させるために、鹿児島から長州下関へ赴いた。

当時の龍馬の動向を彼の手帳「坂本龍馬手帳摘要」によって述べると、以下のようである。

神戸海軍操練所の閉鎖にともない行き場のなくなった浪士とともに、龍馬は京都から西郷や小松帯刀《こまつたてわき》と一緒に慶応元年五月一日、鹿児島に着いた。彼は二週間ばかり滞在したのち、五月一六日に太宰府に向け鹿児島を出発、途中熊本で横井小楠《よこいしょうなん》と会い、二三日に太宰府に着く。ただちに五卿衛士をしていた薩摩藩士の渋谷彦助と会い、翌二四日には五卿に拝謁しているが、これは初めての拝謁であり、どうやら鹿児島から龍馬に同道していた薩摩藩士の児玉直右衛門が渋谷に連絡を取り、拝謁が実現したようである。

その日、龍馬は太宰府出張中の長州藩士小田村素太郎《おだむらもとたろう》とも会っている。このとき龍馬は、「このように薩長が反目していては天下の事が思うようにならぬ」と言い、木戸に会いたいから連絡しておいてくれと頼んだ。それに対して小田村は、薩長は連合しなければならぬというのが木戸の持論であったから引き受けた、と当時を回想している（『防長史談会雑誌』）。

また、そのころ、龍馬と小田村の両人は、藩命で太宰府に来ていた長府藩（長州の支藩）士時《とき》田少輔《たしょうすけ》とも会っている。時田の回想によれば、そのとき龍馬は「薩長が今日のように隔離していてはちっとも王政復古の事業を成就することは出来ない、互いにこれまでの行きがかりは忘れて、今日より提携して大いに国事に尽くさねばならない」と言ったという。そして、龍馬の論は公平な論で、いずれ彼が主張するようにならなければ、進んで事が成るわけのものではないということで、三人は同意したという（『史談会速記録』）。

小田村や時田の回想から、この当時、龍馬は薩長提携に対して非常に熱意をもっていたことがわかる。両人は帰藩してから、木戸と会いたいという龍馬の希望を要人に伝えると約束した。

なお、龍馬と会った五卿のひとりに東久世通禧《ひがしくぜみちとみ》がいる。彼は慶応四年一月一五日、外国事務取調掛《とりしらべがかり》として、英米仏蘭独伊六か国の代表に、王政復古を通告した人物として知られる。東久世はこのときの日記に、「二十五日、土佐藩坂本龍馬と面会、偉人なり奇説家なり」と書いている。これは大変な誉め言葉であり、龍馬の言説はよほど強烈な印象を与えたようである。

龍馬は、慶応元年五月二七日に再び五卿に拝謁し、翌日には三条実美の護衛をしていた安芸守衛をともなって太宰府を出発、閏五月一日に下関に着いた。鹿児島から同伴した児玉直右衛門は太宰府に残った。龍馬はさっそく、すでに帰関していた長府藩士の時田少輔と会い、木戸に会わせてくれるよう頼み込んだ。それを受けて、時田は翌日、特使を山口に派遣して木戸に手紙を届けた。

そのなかで時田は、太宰府で長州藩士の小田村素太郎とともに龍馬と会って薩摩の内情を聞いたことを述べ、つづいて、昨日下関に着いた龍馬が木戸に会いたいと願っているから、ぜひ下関に出てきて彼から薩摩のことを聞いてほしい、と書いている。

木戸は時田の書に接し、すぐにその書を直目付《じきめつけ》の林良輔に示して龍馬に会う希望を伝え、藩主毛利《もうり》敬親《たかちか》の許可を求めた。翌三日に許可が出たが、藩主の命令としては、太宰府まで行くようにとあった。これは、龍馬との会談しだいでは三条の意見を聞く必要があるかもしれないとの配慮による。許可が出たので、三日当日に木戸は時田に対して手紙を書き、「明日早速(下関へ)出発したいと決めております」と述べている。

なお時田は、二日には小田村にも手紙を書き、龍馬が下関に着いたことを知らせている。それに対して小田村は、翌三日に時田宛てに返事を書き、木戸が下関に行くこと、ならびに太宰府で時田と談合したことを木戸や藩政府に謀《はか》ったところ、すべて了解を得たと述べて、薩長和解に対して期待するところを示している。

## 土方久元の動向と木戸孝允の藩政府宛ての手紙

他方において、土佐脱藩浪士の土方久元の動きはどうであったか。彼は西郷と木戸の下関会談を実現させるべく、木戸説得のため京都を出発して、慶応元年(一八六五)閏五月三日に下関に着き、さらに長府まで行った。そしてその日のことを日記『回天実記』で、「大場伝七、原田順次、福原和勝、興繕五六郎等と会い、京坂地方の模様や薩長和解の件についていろいろと談論し、時を過ごした」と記している。

ここであげられた人たちは、長州支藩の長府藩士である。彼らは「薩長和解の件について」談論したという。翌四日にはさらに二名が加わり、同じ問題で談論している。そしてその日に約束どおり、木戸は山口を出て夕方下関に着いた。このとき土方は木戸の下関到着を知らず、翌五日に龍馬、安芸守衛それに時田の三人と会い、太宰府の事情などを議論しながら木戸の到着を待っていた（『松菊木戸公伝』『回天実記』）。

木戸は下関に着いた日の翌五日に、大事な手紙を藩政府宛てに出した。そのなかで木戸は、下関に着いたとき、京都から太宰府に帰る途中の土方が長府に来ていて、京坂の情報をもたらしたと書いたあと、「京都薩摩藩邸の首脳部も（征長を）非常に気にかけている様子で、今回急に薩摩に帰り、西郷らを早く京都に上らせるということです。西郷は来《きた》る一〇日前後船で下関に立ち寄り、私と面会したいからぜひ下関へ来てほしいとのことです。それで太宰府行きはひとまず見合わせて、西郷が下関に来た際には諸疑問点をあげ、きっと督責《とくせき》してみたいと思っています」と記している。

さて、この手紙から、木戸は土方情報、つまり、征長に対処するため京都薩摩藩邸の首脳部が急に帰国し西郷に上洛を促すこと、西郷は上洛する途中の一〇日前後に下関で木戸と面会したいから下関まで出向いてくれるよう望んでいる、ということを知っていたことがわかる。さらに、木戸は、太宰府行きを見合わせて、薩摩側の希望に応じる旨であると書いている。

ところでこの手紙から、閏五月五日には木戸は、土方と中岡慎太郎による西郷との下関会談策を知っていたということがわかるが、土方の『回天実記』によれば、この段階では木戸は土方と会っていない。では、どうして木戸は会談策のことを知ったのであろうか。多分その情報は、三日に土方と薩長和解のことで会談した大場ら長府藩士から得たものであろう。それをもとに木戸は西郷との会談を決意し、その了解を藩政府に五日付の手紙で求めたのである。

また、五日に藩政府宛ての手紙を書いた時点で、木戸は龍馬とも会っていない。すぐあとで述べるように、龍馬が木戸と会ったのは六日だったからである。つまり、木戸は龍馬と会う前に西郷との会談を決めていたのである。木戸の手紙に対して、藩政府は九日付の返書において、西郷との会見ならびに会見で談判すべき問題について承認する旨を伝えている。

このように木戸が西郷との会談を決意するに際しては、龍馬や土方の貢献はみられないが、それにもかかわらず、「木戸はただちには彼らの意見を受け入れなかった。しかし薩摩の事情にくわしい龍馬と、長州の事情を知っている土方とは三日がかりでようやく木戸を説得したようである」「龍馬は説きに説いた。木戸はやっと納得し、下関で西郷を待つと約束した」、あるいは「龍馬らの説得によって、木戸らも西郷に会うだけは会ってみようというところまでこぎつけた」といった歴史学者や龍馬研究者による解説がある。理解しにくいが、なにかほかに史料的根拠があるのかもしれない。

さて、五日に龍馬は安芸をともなって、そのとき下関に着いていた土方を訪ね、太宰府の事情を話している。翌六日、龍馬は木戸と談論しているが、それが二人の初めての会合であった。五日に土方と会った龍馬は、西郷・木戸会談計画に乗ったようである。六日以降、木戸とともに下関で西郷が来るのを待っていた。西郷の説得にあたっていた中岡は、鹿児島から京都に向かう船中で西郷に木戸との会談を勧め、西郷はいったん同意したが、途中で大久保利通《おおくぼとしみち》から「すぐ上京せよ」との連絡が入ったため、下船せず上京してしまった。結局、会談は成立しなかった。二一日に下関に着いた中岡からそのことを知らされた木戸と龍馬は、大いに落胆した。

## 坂本龍馬エージェント説

### 二通の手紙

龍馬は鹿児島から長州に行ったが、その目的は何だったのか。

木戸《きど》孝允《たかよし》が明治に入って書いた「薩長両藩盟約に関する自叙」（以下「自叙」と略記）では、龍馬が下関に来たときのことを「土佐人の坂本龍馬長州に来る。最初はこの龍馬で、中岡慎太郎らも来て、私に薩長和解のことを勧める」と書いている。先述の長府藩士時田少輔《ときたしょうすけ》の回想でも、龍馬は薩長提携論を述べ、木戸との面談を希望したということであるから、龍馬の長州行きの目的は、木戸と会って薩長提携を促すことであったといってよい。

ここで問題が浮かぶ。木戸への説得は西郷らから依頼されたのか、それとも龍馬の自発的行動なのか、という問題である。

これについては、従来、間に立った龍馬が自発的、積極的に西郷や木戸に働きかけ、提携へと導いていったとする俗説が広く受け入れられていた。だが先年、その見解を否定する説、すなわち「龍馬は長州との提携を進めるエージェント（工作員）として、西郷の命によって長州（木戸のもと）に派遣されたのだ」とする新説「龍馬エージェント説」が登場して話題を呼んだ。

この新説の根拠とされているのは、その当時書かれた二通の手紙である。一つは下関にいた龍馬が、太宰府にいた薩摩藩士渋谷彦助宛てに閏五月五日付で書いた手紙であり、もう一つは太宰府にいた渋谷と薩摩藩士蓑田新平が、鹿児島の西郷宛てに書いた閏五月一四日付の手紙である。

龍馬の役割・貢献を考える場合、この新説はきわめて重要であるので、以下これら二通の手紙を検討してみよう。これらの手紙は二〇年ばかり前に、薩摩藩国父島津久光の元に残されていた四〇〇〇点にも及ぶ文書（玉里島津家文書）のなかから発見された新史料である。

［〝龍馬→渋谷〟閏五月五日付］手紙の大意

今回土方久元《ひじかたひさもと》が京都から下ってきました。彼の話によると、将軍は長州征討のため江戸を出発したとのこと。この件で大目付の岩下方平《いわしたみちひら》は船で薩摩に帰り、今月一〇日ごろには西郷と小松を同伴して上洛すると聞きました。それについては、私のほうからは薩摩に手紙を出しません。どうぞあなたが土方から長州や京坂の時勢をお聞きになったうえで、詳しく薩摩にお伝えください。

また、この手紙の「追々」として龍馬は、

閏五月六日、木戸と会いました。一般の長州人とは異なり、よほど立派な男で頼もしく感じました。現在彼は大いに重用され、長州の議論をも取り定めるということです。

と記している。

これにより、龍馬が木戸と会ったのが閏五月六日であったことが確定できる。また、急進的尊攘主義者の多い長州人とは異なり、木戸は穏健な思想の持ち主であり、大人物であると龍馬が感じ取っていることがわかる。手紙の表現から、龍馬はこのとき初めて木戸と会ったのであろう。

さて、この手紙の最初の部分で、龍馬は土方情報を記している。彼は閏五月五日に土方と会っているから、そのとき京坂の状況を聞いたのであろう。そして、京坂の事情は岩下方平（通称、左次右衛門）が薩摩に知らせているだろうから自分が薩摩に知らせることはしない、また、京坂と長州の事情は京都から帰ってきた土方が詳しいから、土方から聞き取ったことを渋谷のほうから薩摩に知らせてほしいと書いている。

また、渋谷・蓑田の西郷宛ての手紙は、『西郷隆盛全集』で紹介されており、それは次のよう

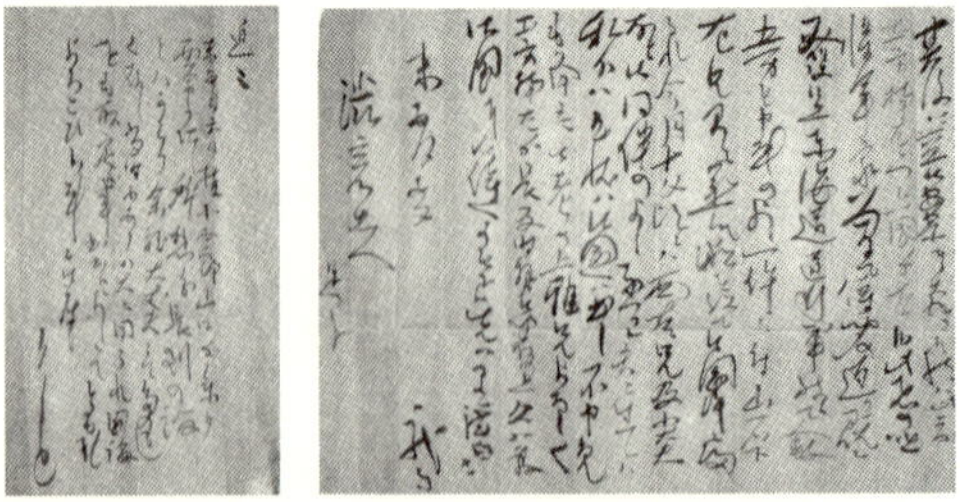

**坂本龍馬が渋谷彦助に宛てた手紙（慶応元年閏五月五日付）** 龍馬が薩長間を奔走していたことや、桂小五郎（木戸孝允）の印象を伝える貴重な手紙。

然《しかれ》ハ此度
土方楠左衛門上国より下り候、此者の咄《はなし》、
（中略）
左兄早々蒸気船を以て御国許ニ帰
られ、今月十日頃ニハ西吉兄及小太夫
など御同伴のよし承り候、夫ニ付てハ
私よりハ書状ハ御国へハ出し不申、兎
も角も御考の上雅兄よろしく
土方楠左より長及時勢被聞取の上くハ敷
御国に御伝へ可被下候
追々
未五月六日桂小五郎山口より参り
面会仕候所、惣分長州の論
とハかわり余程大丈夫ニてたのもし
く存候、当時小五郎ハ大ニ用られ国論
なとも取定候事書出候よしニて、ともに〱
よろこひ候事ニ御座候
かしこ
（下関市立歴史博物館図録
『龍馬がみた下関』を改変）

さて今回、
土方久元が京都から下ってきての話ですが、
（中略）
岩下左次右衛門は早々と蒸気船で国元薩摩に帰
り、今月一〇日ごろには西郷・小松
など同伴で上京と聞きました。それについては、
私から手紙は御国（薩摩）に出しません。とに
かくお考えのうえ、あなた（渋谷）がよろしく
土方より長州や京坂の情報を聞いて詳しく
薩摩にお伝えください。
追って、
閏五月六日桂小五郎が山口から来て
面会しましたが、一般の長州人の考え
（尊攘激派）とは違い、大人物で頼もし
く思われます。現在、藩で重用され、藩論
なども取り決めるそうで、ともに
喜んでいます。
かしこ
（宮地佐一郎編『龍馬の手紙』を改変）

なものである。

［〝渋谷・蓑田→西郷〟閏五月一四日付］手紙の大意

児玉直右衛門が付き添って龍馬が太宰府に来て、五卿に拝謁いたしました。そして三条公から安芸守衛を付けていただいて、龍馬は先日長州に行きました、そして長州の事情を探索し、その結果をあなた（西郷）に手紙で知らせるつもりで、直右衛門をこれまで太宰府に留めておきました。ところが今度土方が帰ってきて別紙が届きました。そこで長州事情を土方から聞いて、その詳細をお知らせするつもりで、さっそく土方に面会しましたところ、今度蒸気船で中岡が京都から鹿児島に行き、今の長州事情などを申し上げると聞きました。もう万事お聞きのことと思います。それで別紙の龍馬の（渋谷宛ての）手紙を持たせて児玉を（鹿児島へ）返しました（よって、詳しい手紙は出しません）ので、ご納得ください。

ここで改めて、中岡と土方の行動を記しておこう。

中岡は、

四月二七日、三条実美の命で、京都視察のため太宰府を出発し、四月三〇日、下関で木戸や伊藤らと会い、長州の情報を得る。

五月一五日、入京。薩摩藩士や土方と西郷・木戸会談を決めたのち、それを実現するために、二四日、土方らと一緒に京都を出て、土方と別れたあと、蒸気船で鹿児島に向かう。

閏五月六日、鹿児島着。


他方、土方は、中岡と別れたあと、蒸気船で長州に向かう。

閏五月三日、下関着。長州支藩の長府藩士と薩摩和解の件について議論する。

五日、龍馬と会う。

六日、木戸と会う。

九日、下関を出発。

一二日、太宰府着。

**龍馬エージェント説とその可能性**

新説では、これらの手紙に基づいて、以下のように龍馬エージェント説が述べられている。

その内容は、龍馬が下関で長州の指導者、桂小五郎、後の木戸孝允に面会したことを、薩摩に報告するものだった。龍馬はこの中で、首尾よく木戸と会談できたこと、木戸は、他の長州人と異なり、薩摩に悪感情を持っておらず、手応えがあったと報告している。さらに、渋谷彦助なる薩摩藩士が、龍馬の活動状況を、西郷隆盛に報告した手紙も見つかった。そこには、龍馬を長州へ送り込んだと記されている。さらに、龍馬派遣の目的は、薩長和解にむけた事情探索にある、としているのだ。龍馬は、長州との和解を進める工作員として、西郷に使われていたのである。これまでは、龍馬が自らの考えで木戸と面会し、薩摩との同盟を説得したと考えられていた。しかし実は、龍馬は薩摩の命を受けて行動していたのだった。

ここでは、「龍馬は、長州との和解を進める工作員として、西郷に使われていたのである」「龍馬は薩摩の命を受けて行動していたのだ」と主張されている。当然のことながら、この大胆な説の正否をめぐって議論が沸き起こった。

ここで、この説の可能性を検討してみよう。

まず、これら二通の手紙で重要な点は、渋谷・蓑田の手紙における「龍馬は先日長州に行きました、そして長州の事情を探索し、その結果をあなた（西郷）に手紙で知らせるつもりで、直右衛門をこれまで太宰府に留めておきました」という部分である。そこで検討すべきは、「龍馬の長州情報を西郷に知らせるのは誰であったか」という問題である。

この問題に関しては、「その結果をあなた（西郷）に手紙で知らせるつもりで、（児玉）直右衛門をこれまで太宰府に留めておきました」とあるから、渋谷が児玉に言《こと》づけて西郷に知らせるつもりだったと考えるのは自然である。その場合、龍馬は自分が探索した結果を渋谷に伝えなければならない。それを渋谷が児玉を通して西郷に伝えるという段取りである。

龍馬→渋谷→児玉→西郷

龍馬が鹿児島を出立する時点で、西郷と渋谷、それに児玉のあいだでそのような取り決めがあったのかもしれない。あるいは、太宰府で渋谷が龍馬からの結果報告は児玉に西郷へ届けてもらうと決め、そのため児玉を留めておいたのかもしれない。いずれにせよ、実際に龍馬は渋谷に手紙を送っているので、この可能性はかなり高いように思える。

このように、「渋谷が龍馬の長州情報を西郷に知らせるつもりだった」という可能性が高い。

そしてその場合、以下のケースが考えられる。

(1) 西郷が長州探索と渋谷を通しての結果報告を龍馬に申し入れ、龍馬が同意した。
(2) 龍馬が長州探索と渋谷を通しての結果報告を西郷に申し入れ、西郷が同意した。

龍馬エージェント説は(1)の立場をとるわけだが、これら二通の手紙だけでは、後者の場合も十分ありうる。つまり、最初に龍馬が西郷に対して薩長和解のために自分が長州探索に行きたいと言い、西郷が同意して改めて龍馬にそれを依頼するという形もありうるだろう。

この場合、表面的には「西郷が長州探索と渋谷を通しての結果報告を龍馬に申し入れ、龍馬が同意した」となるが、そのきっかけをつくったのは龍馬であるから、むしろ「龍馬が長州探索と渋谷を通しての結果報告を西郷に申し入れ、西郷が同意した」ということになるだろう。

このように、これら二通の手紙だけからでは、龍馬の自発的働きの可能性が排除できず、したがって龍馬エージェント説の正しさが示されえないのである。

## 龍馬エージェント説批判

ここで扱われている龍馬エージェント説とは、

(a)「薩摩側（西郷）が」、龍馬に対して長州探索を

(b)「命令した」

とする説である。

この(a)と(b)に対する批判として、坂本龍馬や中岡慎太郎の研究で知られる作家の宮地佐一郎氏と、幕末薩摩藩の研究で著名な芳即正氏による次の指摘がある。

A　西郷の命令で龍馬が木戸のもとで使い走りをしていたら、自分で直接西郷へ発信しなければならない。

B　西郷と龍馬の人間関係からみて、そこに「命令する」というような主従関係はありえない。

これらの批判ははたして正しいのであろうか。

### (1)　Aの批判について

Aは(a)に対する批判である。これは「命令」が「依頼」であっても妥当な批判であるように思

われる。つまり、「西郷の依頼で龍馬が木戸のもとで使い走りをしていたら、自分で直接西郷へ発信しなければならない」というのは、一般的にはいえるように思われる。しかるに、龍馬は自分で直接西郷に発信しなかった。よって西郷の命令ないし依頼で、龍馬が木戸のもとで使い走りをしていたのではない、という論法である。

だが、Aの批判は成立しないであろう。というのは先に述べたように、西郷が、結果報告は渋谷を通してしてくれ、と命令ないし依頼してもよいからである。また、その後の話であるが、龍馬が薩摩藩名義で銃艦を購入してほしい旨、薩摩側に伝えてくれという伊藤博文と井上馨《いのうえかおる》の依頼に応じていながら、その結果を自分で二人に伝えていなかったという事例もある。

このように、(a)の正否は、Aのタイプの批判では決定できないのである。

### (2) Bの批判について

Bは、(b)に対する批判である。宮地・芳の両氏は、西郷は龍馬を高く評価しており、両者のあいだには「男同士の敬しあい信じあった誠実」さが存在しているから、龍馬を見下して工作員などと道具視する意識は、西郷にはなかったと主張される。そして、その根拠として両氏によって唯一引き合いに出されるのが、有名な「ふんどしエピソード」である。

龍馬が、太宰府に行く前に西郷の家に泊まったとき、西郷夫人に古いふんどしを所望し、夫人が言われるままに洗濯した古ふんどしを与えると、帰宅してそれを聞いた西郷が烈火のごとく怒って、「お国のために命を捨てようという人だと知らないか。早速一番新しいのと代えてあげろ」と言ったという。

このエピソードは、西郷夫人イトが晩年実妹に話したことを、そのお孫さんが土佐藩維新史の研究で知られる平尾道雄氏に伝えたものであり、同氏の著書において紹介されている。この史料自体かなり昔の記憶に基づいているので、信頼性に問題があるといわれるかもしれない。だがその当時、西郷と龍馬のあいだは、西郷が龍馬に命令するといったような人間関係であったということを示す史料も残されていないようである。

むしろ、龍馬は西郷の尊敬する勝海舟の高弟であり、西郷は龍馬を高く評価していたのではなかろうか。それに神戸海軍操練所の閉鎖後、勝の依頼によって薩摩藩が龍馬たちを預かったのであれば、彼らはいわば客人である。しかも藩外の客人である。本来、そこには主従関係など存在しないはずである。このように閏五月段階では、龍馬に対して西郷が命令するという可能性はかなり低い。だがしかし、それでも皆無ではない。

だが、時間枠を約八か月後の薩長盟約締結時まで広げるならば、閏五月段階で(b)の「命令した」

が正しくて、西郷が龍馬を命令で動く工作員、諜報員として使ったと考えるのは間違いであることが示されそうである。

というのは、慶応二年（一八六六）一月、西郷、小松帯刀《こまつたてわき》、木戸の三人は、薩長盟約が締結された薩長会談に龍馬を参加させているが、(b)が正しいのであれば、その間、龍馬は命令で動く単なる工作員・諜報員から、藩の命運を決する会談に参加する資格のある重要人物に、大変身を遂げたことになる。だが、それはありえない話であろうからである。

このように(b)に関しては、ふんどしエピソードや八か月後の薩長会談のことを考慮すると、明らかに間違いである。他方(a)に関しては、龍馬の渋谷彦助宛ての手紙や、渋谷・蓑田の西郷宛ての手紙では、その正否を決定できないとした。そこで、次に時間の枠を広げて、改めて(a)の正否を検討してみよう。

### 広い意味での龍馬エージェント説

西郷が龍馬に対して長州探索を（命令ではなく）依頼したとする説を「広い意味での龍馬エージェント説」として、この可能性を以下の五つの観点から考えてみよう。

## (1) 浪士と長州探索

第一章でも述べたように、薩摩藩は第一次長州征討以降、対長接近の姿勢を示していたが、とくに慶応元年（一八六五）五月のころになると、長州藩との具体的接触を志向するようになる。それを成就するには、長州藩の内情、提携への思いを探索するため、人を派遣する必要があった。

では、どのような人物を送ればよいか。じつは、それ以前に西郷が長州探索のために人を送ったことがあった。元治元年（一八六四）六月一四日に、彼は薩摩藩士の桐野利秋《きりのとしあき》を派遣したのである。ところが、桐野は長州藩境より内部に入り込むことができず、引き返してきたのであった（六月二二日付西郷の大久保宛て手紙）。

司馬遼太郎氏の小説では、桐野は爽やかでさっそうとした男として描かれているが、「禁闕《きんけつ》」を「きんかん」と読んで笑い飛ばすなど明るく豪快で、人に好かれる性格であった。三歳年長の龍馬と相通じるところがあり、西郷好みの快男児であった。このようなところからも、西郷は桐野を派遣したのかもしれない。

桐野は薩摩の極貧の郷士出身で、自己流で示現流《じげんりゅう》を学び達人となった。その後、西郷に認められて側近として仕え、幕末には「人斬り半次郎」と恐れられている。また、彼は正式の学問を修めていなかったが、頭はよかったと伝えられる。桐野利秋の孫と小学校の同級生であった筆者の母親によれば、桐野少年はずば抜けて頭がよく、また非常に「よかにせ（美少年）」であったという。男前で女性にもてたという桐野のＤＮＡは伝えられたようである。明治四年（一八七一）にわが国最初の陸軍少将になったが、六年後に西南戦争で西郷に殉じた。

さて、桐野の失敗から、西郷は探索といっても簡単ではなく、とくに薩摩藩士ではむずかしいことを知ったと思われる。ここはむしろ藩にとらわれずにどこでも行ける浪士、とくに両藩のあいだで知られ、長州藩と連絡のとれる人物が望ましいであろう。さらに、初めて長州の要人と会って話をするのであれば、人物・識見・能力においても優れた浪士ということになる。

ちょうどこのころ、龍馬がどう見られていたかを示すものとして、土佐藩重役寺村左膳の『寺村左膳道成日記』における記述がある。その文久三年（一八六三）二月二二日条に、「勤王論をもって土佐を脱藩した。薩長の間を奔走し、非常に浪士たちの名望があると聞く」とある。また、伊藤博文も後年、『伊藤公直話』のなかで龍馬のことを「勝安房《かつやすよし》の門人で、壮年有志の一個の傑物であった。彼方へ説き此方へ説き、どこへ行っても容れられる方の人間であった」と回想している。

龍馬が当時すでに高名な人物で、きわめて高く評価されていたことは明らかである。寺村や伊藤の評価は龍馬の実像をよく捉えており、おそらく西郷も同様の認識をもっていたと思われる。

もちろんそれと同時に、派遣される人物は、薩長提携のために骨身を惜しまない人物であることが望ましい。史料的裏付けはないが、龍馬がこの条件を満たすということを、西郷は慶応元年四月ごろには知っていたと思われる。というのは、西郷は禁門の変後の元治元年の九月ないし一〇月には龍馬と対談しており、また翌年四月には一緒に京都から海路鹿児島に行っているからである。

### ⑵ 龍馬と中岡

これに対しては、なぜ龍馬であって中岡慎太郎ではなかったのかといわれるかもしれない。たしかに多くの中学・高校の教科書や一般的解説書では、龍馬と中岡が薩長盟約を成立させたと書かれている。あたかも二人が協力して盟約締結のために行動したかのようである。しかし史料的には、薩長間のことで二人が一緒に行動したのは、西郷の下関における「すっぽかし事件」のあとの慶応元年（一八六五）閏五月二一日から同年七月一九日のおよそ二か月ばかりのあいだであるにすぎない。

もちろん、西郷は中岡も龍馬と同じく薩長のあいだを奔走しているということは知っていたと思われる。と同時に、西郷は中岡も高く評価していた。二人の最初の出会いは、第一次長州征討が終わる直前の元治元年（一八六四）一二月初めであったが、それ以来、中岡は西郷に心酔するようになった。中岡は同志に宛てた手紙のなかで、西郷のことを「洛西第一の英雄」と述べ、二番手に木戸をあげている。西郷もまた中岡のことを「節義の士」と高く評価した。

このように中岡も長州に派遣するに足る人物であることは明らかであるが、西郷はそうはしなかった。それはおそらく、中岡はなによりも五卿（三条実美《さんじようさねとみ》ら）のために働くことを念頭においていたからと思われる。文久三年（一八六三）八月一八日のクーデター後、土佐を脱藩した中岡は、長州に逃れる五卿に同行した。それ以降、彼は五卿や長州のために働き、翌元治元年の禁門の変では薩摩側と戦った。元治二年二月に五卿が長府から太宰府に移ってからも彼は五卿のために活動し、土方久元と一緒に西郷・木戸会談を提案したときも、三条の命で政情視察のため京都に来ていたのであった。

七月一九日に龍馬と別れてからも薩長提携はもちろん念頭にあっただろうが、それよりも幕府による三条らの江戸召喚問題が起きたりして、ますます状況の悪くなった五卿のために活動せざるをえなくなったようである。このような事情もあって、西郷は中岡を選べなかったのではなかろうか。

以上により、派遣候補者として西郷が龍馬に白羽の矢を立ててもおかしくはない。

### (3) 龍馬と薩摩藩の内情

すでに述べたように、長州藩士小田村素太郎《おだむらもとたろう》は、長府藩士の時田少輔と一緒に太宰府で龍馬に会い、彼から薩摩の内情を聞いた。そして、それを藩政府に伝えたと思われる。もちろん、龍馬は西郷ら藩首脳からこの情報を得たのであろうが、彼らがただ単に龍馬に藩の内情を話したとはとうてい思えない。なにか目的がなければ、浪士の龍馬に話すはずがない。

では、どのような目的があったのか。それは、龍馬に薩長提携の意思を長州側に伝えてほしいということである。龍馬を長州に派遣するためには、薩摩藩の内情を教えておいたほうがよいであろう。長州藩の要人と会ったとき、龍馬に対する質問もあるだろう。その際、龍馬が薩摩藩の内情を知らないというのでは、龍馬の言の信頼性が低まる。西郷たちは、龍馬を派遣する目的があって藩の内情を説明したのである。

### (4) その後の展開

ここで、その後の展開を加えると、次のことが指摘できる。西郷は、慶応元年（一八六五）九月には兵庫沖の外国船の状況を龍馬に探らせ（九月一七日付西郷の大久保宛て手紙）、また同月、西郷と大久保は藩の方針を記した長州藩重役への重要な手紙を龍馬に届けさせ、さらに一一月には幕府大目付永井《ながい》尚志《なおむね》による糾問状況を探るため、西郷は龍馬を長州に派遣しているが、これらが龍馬の発案になるとは考えられない。

他方において、長州の側も同年六月に薩摩藩名義で銃艦を購入する案をたて、これを龍馬に京都にいる西郷に説かせている。史料によれば、これも龍馬の発案になるものではなく、長州藩士の伊藤博文と井上馨の発案であり、龍馬はそれを西郷に伝える役割を担ったにすぎない。

このように、龍馬は薩長両藩によって相手側に派遣され、また外国船探索を依頼されているのである。

### (5) 二つの回想録

このころ、西郷が浪士を長州に派遣したという二つの回想録がある。どちらもおそらくは四〇年以上昔の話で信頼性に欠けるが、興味ある話なので紹介しておこう。

#### ① 高杉と斎藤の会談

西郷が龍馬を長州に派遣したといわれるのとちょうど同じころ、西郷が水戸脱藩浪士の斎藤佐次右衛門という人物を高杉晋作のもとに薩長提携のことで派遣したという話がある（維新史料編纂会『講演速記録』)。

元治二年(一八六五)一月、高杉は長州藩の内訌《ないこう》で勝利したが、下関を開港すべきだと主張して、長府藩の急進的攘夷主義者に命をねらわれる羽目に陥った。そこで高杉は同年四月中旬、下関を出奔し、四国に身を潜めた。彼は道後温泉で遊んだり、琴平の金刀比羅宮に参詣したりして逃亡生活を送った。その後、捕吏を逃れて鞆津《とものつ》(現、広島県福山市)に移り、五月二〇日ごろ下関に帰還している。

琴平に身を潜めていたころ、高杉のもとに五卿衛士をしていた斎藤佐次右衛門が西郷の指示で訪れ、薩摩との同盟を説いた。だが、高杉は斎藤の話にのらなかった。高杉はそのように重大な話を浪士にもってこさせる西郷に、不審の念を抱いたのである。浪士で無名の斎藤の話にのったのでは、長州は辱められ、なおかつ膝を屈して薩摩に和を請うことになり、一方、薩摩は名と利を併せ収めることになると考えて、彼は拒絶した。

そして高杉は、「斎藤が西郷に復命した後は、天下に知られた人物を使って更に薩長和解に努める」だろうと述べている。西郷は、初めは手探りとして浪士などを使者として使い、ある程度めどが立った時点で、それなりの地位のある薩摩藩士を正式な使者として使うだろうと、高杉は思っていたのである。彼の見通しは的中し、最終的には西郷は薩摩藩士の黒田清隆を正式な和解の使者として長州に派遣し、盟約締結へと進んでいる。

西郷は、なぜ斎藤を選んだのだろうか。斎藤は元水戸藩士で元治元年、筑波山挙兵に参加したが途中で離脱した。その後、薩摩藩の庇護を受け、五卿衛士となっている。また、彼は水戸藩の儒臣藤田《ふじた》東湖《とうこ》の門人であり、西郷も東湖を非常に尊敬し、江戸にいた若いころには東湖の自宅を何度も訪問しては教えを受けているので、その当時斎藤と知り合った可能性もある。また、元治元年二月に五卿の待遇改善問題で太宰府に行って五卿と会っているので、その際、斎藤とも会ったであろう。いずれにしても、西郷が斎藤を知っていた可能性は高い。

高杉・斎藤会談説が事実なら、西郷に長州との提携を図るために浪士を派遣する考えがあったということである。斎藤ではうまくいかなかったので西郷は反省し、二回目として有能で無名ではない龍馬を、今度は木戸のもとに派遣したということもありうる。

### ②伊藤博文の回想

伊藤は前記『伊藤公直話』のなかで、龍馬が下関に来たときのことを「坂本龍馬が鹿児島の方とかねて交際していて、長州へ来て鹿児島の方の議論を伝えたのだ。薩摩の方から、長州と連合しようということを、龍馬が木戸に初めて逢って話をした」「坂本が薩摩藩側の意を受けて来た」

「坂本龍馬が西郷などの意を受けて、どうしても薩長合体しなければいかんという論を持って来た」と回想している。

伊藤は、「龍馬は薩摩藩（西郷）の意を受けて来た」と言っている。「意を受ける」とは「人の意向を聞いて、それに添うように行動する」ことである。そして薩摩藩（西郷）の意向とは、薩長合体論である。

このようにして、伊藤は、龍馬が下関に来たのは西郷の依頼により薩摩藩の合体希望を長州藩側に伝えるためであったと理解していたことがわかる。

以上(1)〜(5)の五つ、とくに(5)「二つの回想録」を除いた最初の四つの状況証拠から総合的に判断すると、龍馬が太宰府を経由して長州に行ったのは、龍馬の働きかけというよりは、薩摩藩側の主導的働きかけによると考えられる。

そして、西郷宛ての渋谷彦助・蓑田新平の手紙に、龍馬の長州探索の結果は西郷に知らせることになっていたとあるので、龍馬に探索を依頼したのは西郷であったとするのがもっとも自然であり、説得力があるといえよう。このようにして、龍馬エージェント説は無理があるが、広い意味での龍馬エージェント説は史料などに照らして認めざるをえないと思われるのである。

## 薩摩藩名義による銃艦購入

### 長州の対幕戦準備

ここで本筋に戻る。西郷のすっぽかしによって対薩接近の機会を失った長州だが、木戸たちに怒っている暇はなかった。慶応元年（一八六五）四月に、幕府が五月一六日を期して長州再征のために将軍が進発すると布告していたからである。それに対して、長州はすでに三月一七日には武備恭順策を藩是とし、たとえ藩が滅亡することになっても幕府と戦うと決めていた。

だが、このころの長州藩の軍備は、幕府軍のそれと比べると非常に劣悪な状態にあった。それ以前の戦争によって痛めつけられていたからである。文久三年（一八六三）の米仏艦隊との戦いや、翌元治元年の英米仏蘭の四国連合艦隊との戦いで長州はすべての軍艦を失ったが、幕府は当時日本最高の海軍を保持しており、四国連合艦隊のときと同じように、幕府艦隊に攻め込まれるとひとたまりもないことは明らかだった。また陸上戦でも、禁門の変で長州は会津・薩摩軍に大敗していた。
これらの敗戦によって、長州藩は否応なくみずからの戦闘能力を知ることになり、「ますます兵備の充実を要するとともにまた精鋭利便なる銃艦の購入を図ることが急務」となった（『松菊木戸公伝』）。だが、長州と交戦した英米仏蘭は長州への武器販売を禁じており、またこのときすでに長州は朝敵となっていたため、幕府の眼をかすめて外国から武器を購入することは困難であった。

**薩摩藩名義による銃艦購入**

高杉晋作は下関開港論を唱えたため、過激攘夷主義者に命をねらわれ、慶応元年（一八六五）四月中旬、四国に亡命する（一一六ページ参照）。だが、じつは伊藤博文と井上馨《いのうえかおる》も同じ理由で命をねらわれた。井上は別府でヤクザの親分のところに身を寄せ、逃げ遅れた伊藤は下関の船問屋に身を隠した。

四月二六日、禁門の変後亡命していた出石《いずし》から木戸《きど》孝允《たかよし》が下関に帰ってくる。彼が、復帰した高杉らと藩の抱える諸問題に対処できるようになるのは、五月下旬のことである。

このような状況下、同年閏五月下旬に、木戸、伊藤、井上、高杉、それに大村益次郎ら長州藩首脳のあいだで、銃艦購入問題について議論が闘わされた。そして伊藤と井上が、薩摩藩が自藩名義で小銃と軍艦を外国から購入し、あとで長州藩に譲り渡すという案を思いつく。伊藤と井上は中岡慎太郎と坂本龍馬に、その案を薩摩側に申し入れてくれるよう依頼した。京都の西郷に会いにいくつもりだった中岡ら二人は受諾し、西郷に伝えるために閏五月下旬、下関をたった（『維新史』）。

ちょうどそのころ、龍馬は西郷隆盛から、薩摩は長州との接近を望んでいるということを木戸に伝えてほしいと頼まれ、鹿児島から下関に来ていたのである。また、中岡も下関にいた。その間の事情を木戸は「自叙」のなかで、「薩摩が天下のために長州と手を結びたいと言っているというあなたたち（龍馬と中岡）の言が本当なら、薩摩の名前を借りて小銃を長崎に求めたいがどうだろうかと（伊藤と井上が）龍馬と中岡に尋ねたところ、彼らが賛成したので、伊藤と井上を長崎に派遣して小銃七〇〇〇挺と蒸気軍艦一隻を買い求めさせた」と書いている。

たしかにこの案は、一石三鳥の妙案である。まず、この案を薩摩藩が受け入れるか否かで、長州との提携に対する薩摩藩の真意を推し量ることができる。次に、もし薩摩藩が受け入れるならば、長州藩が銃や軍艦を求める方途が見出せることになる。さらに、いまだ残存する反薩摩の気運を緩和する方途も見出せることになるからである。

なお、購入案の発案者については、「じつは龍馬の提案によるものであった」とか「龍馬とその仲間は、薩摩の名前で買い入れて、長州に引き渡すことを考えついたのである」と主張される歴史学者や研究者がおられるが、史料的裏付けのないのが残念である。

龍馬と中岡が上京したあと、長崎で銃の購入にあたっていた長州藩士青木群平から、幕府に妨げられて小銃の購入ができないとの報告が木戸に届く。急いだ木戸は、龍馬や中岡からの返事が来ないうちに伊藤と井上の二人を長崎に派遣して、銃と汽船（軍艦に改造できるもの）購入の交渉をさせることにした（七月一四日付木戸の藩政府宛て手紙）。入京後の六月二四日、龍馬は西郷に、伊藤と井上の申し入れを伝えた。

だがこの段階では、長州藩政府は汽船の購入を認めていない。購入予定軍艦を精査してから購入すべしということで、海軍局が購入を容易に認めなかったのである。他方、薩摩藩も軍艦はものが大きく購入が幕府にわかってしまうことを恐れて、軍艦の購入については躊躇《ちゅうちょ》した。軍艦を薩摩藩名義で購入し長州側に渡すということは、じつは両藩にとって容易なことではなかったのである。

木戸は反対者も多いなかで、藩政府の承認を得ずに伊藤と井上に小銃と軍艦の購入を依頼し、長崎に行かせたのである。一か八かの賭けであった。

**銃艦購入交渉の経過**

伊藤と井上の二人は、長崎に行く途中、五卿のいる太宰府に立ち寄った。そして七月一九日、藩首脳部に対して手紙を送り、太宰府の状況や長崎に小松帯刀《こまつたてわき》がいて都合がいいと伝えたあと、おおよそ「自分たちは五卿衛士の土方久元《ひじかたひさもと》に薩摩藩への斡旋を依頼し、土方はその要望に応えて薩摩藩士の篠崎彦十郎その他を紹介してくれた。そして、長崎において薩摩藩名義で銃と艦を購入したい旨を伝えたところ、篠崎は了承して自分たちのために事情を述べた手紙を認《したた》め、さらにそれに添え状を付けて届けるよう長崎在番藩士（市来六左ヱ門）を紹介してくれた」と書いた。

その後について『維新史』では「（伊藤と井上は）二一日長崎に着いて、同地に逗留中の薩藩家老小松帯刀に長崎に来た理由を述べ、援助を懇請した。それから二人は、（亀山）社中の上杉宗次郎・高松太郎・千屋寅之助らの斡旋により、薩州藩邸に潜伏し、英国商人グラバーと小銃購入の交渉を開始した」と書かれている。

また、当時長崎詰めであった薩摩藩士の野村盛秀《のむらもりひで》が、伊藤と井上が長崎に着いた日の日記に、二人は「潜んでやってきた、そして薩長間の軋轢についていろいろ語るため、わざわざ小松を慕ってやってきた」と記している。

こうしてみると、伊藤・井上は、まず篠崎が紹介した長崎在番藩士である市来六左ヱ門と連絡を取って小松と会い、小松は銃艦購入の依頼を了承した。そして、社中メンバーを使ってグラバーに伊藤・井上を紹介させ、銃艦購入を実現させたと思われる。

なお小松は、伊藤・井上の依頼にすぐさま応じている。それは、小松が薩摩藩国父島津久光の唯一の名代的存在であっただけではなく、伊藤・井上に「長州藩への支持は薩摩藩のためでもある」と述べていることから、久光も了承してくれると思ったからであろう。

小松は、薩摩船を使って社中メンバーに長州まで小銃を届けさせるつもりであった。彼らは船の操縦ができたからである。社中の上杉宗次郎が銃の交渉で大活躍し、またその後、社中が銃を長州に届けたので、購入問題で社中が大きく貢献したことは明らかである。

ところで、社中メンバーと龍馬のかかわりについて「龍馬はこの社中の活躍を京都から指導していた」と主張される歴史学者その他がおられる。これはどう解釈すべきだろうか。

まず、社中の活躍に関していえば、それは龍馬の指示というよりは、小松の考えによるものと考えられる。小松は、最初から具体的交渉は社中に依頼するつもりだったのである。そもそも、薩摩藩名義で購入した銃艦をあとで長州藩に譲り渡すという行為は、薩摩藩にとってきわめて危険な行為である。薩摩藩は、それが幕府に露見することをなにより恐れていた。小松は長州藩の依頼に応じたけれども、その危険な活動を自藩士にさせる気はなく、汽船の操縦もできる社中に依頼したのである。

次に、社中メンバーに対する龍馬の指示についていえば、京都の龍馬の指示によって社中メンバーが動いたとは考えられない。上杉やほかの社中メンバーは、交渉のために長崎、下関それに鹿児島のあいだを忙しく飛び回っていた。そのような彼らに対して、遠い京都にいる龍馬が細かい指示を与えることは時間的にも不可能である。

それに、社中メンバーに対する龍馬の指示を示す史料もないようである。後述するように、上杉は購入問題での抜群の貢献により長州藩主父子に謁見しているが、ちょうどそのころ、龍馬が姉たちに出した九月九日付手紙のなかでは社中メンバーについて、「今長崎の方に出稽古をしている」と書いているだけである。そのころの社中メンバーの活躍については、日本近代政治史・政治思想史が専門の松浦玲氏がいわれるように、「京都の龍馬は知らない」というのが妥当な解釈である。

ここで、購入問題で薩摩藩を代表して活躍した小松帯刀について、簡単に述べておこう。

彼は西郷や大久保《おおくぼ》利通《としみち》とは異なり、藩内最上級の門閥出身であり、先君島津斉彬《しまづなりあきら》や国父の島津久光にその才覚を認められ、三年前の文久二年（一八六二）一二月に異例の若さの二八歳で家老に昇格していた。そして、西郷や大久保ら下級藩士と久光とのあいだに立って、西郷たちにその活躍する場を提供することを通して挙藩体制をつくると同時に、実質的な城代家老として藩内の諸分野でも指導的役割を果たした。とくに薩摩藩の軍事力強化に努め、それはのちの倒幕運動に大きく貢献した。

また、斉彬の薫陶により育まれた優れた政治的識見の持ち主であると同時に、青年時代から身分の違いを超えて多方面の人との交際を求めたという公平な人格、明るく闊達《かったつ》で人に好かれる性格であったため、「商人のように近づきやすい」と言われた。彼は、一五代将軍徳川慶喜《とくがわよしのぶ》やその他の幕府側要人や朝廷の主要人物からも信頼を寄せられ、そこに深い人脈が築かれ、幕末の政局に大きな影響を与えていった。これは稀有なことである。

彼は西郷とともに薩摩藩の顔として対外的に大いに活躍し、同じ年の龍馬ともとくに親しかった。龍馬は兄宛ての手紙のなかで、薩摩藩の代表的人物として西郷と小松の二人をあげており、龍馬も小松を非常に高く評価していたことがわかる。銃艦購入の件でも薩摩藩を代表する形で、ほぼ一人で課題に対処していたのである。

さて、小松は慶応元年（一八六五）五月一日、勝海舟から預かった龍馬を含む土佐浪士たちや西郷とともに京都から鹿児島に着き、しばらく滞在したあと六月二三日には鹿児島を出立し、二六日に長崎に到着している。その際、土佐浪士たちも同道した。小松の長崎行きの目的は、外国商社と結んでの内外貿易計画の促進と海軍力整備のための修船能力向上の二つであった。

小松は長崎の亀山で借家を借りて浪士たちを住まわせ、薩摩藩の航海業に従事させた。七月上旬、社中が発足する。彼らは薩摩藩から月三両二分の給金を受けながら、長崎で経済的・軍事的活動をはじめたのである。龍馬が手紙で「今長崎のほうに出稽古をしている」と書いたのは、このことであろう。この社中をつくったことも小松の功績のひとつである。

伊藤と井上は、小松の斡旋で薩摩藩の名前で小銃を購入することになったが、このころ、薩摩藩と長崎の商人グラバーの関係はきわめて密接なものがあった。薩摩藩は薩英戦争で虎の子の汽船三隻を失い、軍事力は大打撃を受けた。しかし、軍備の再整備は早急に行われた。長崎で武器購入の交渉を開始したのが小松である。彼は禁門の変が起きた元治元年（一八六四）には、グラバー商会から汽船五隻を購入し、大砲などもグラバーを介して注文している。したがって、伊藤と井上をグラバーに紹介したのは小松であったと考えられる。

このとき小松は、薩摩藩がグラバー商会から購入した汽船で鹿児島に帰ろうとしていた。社中の上杉宗次郎は、その際伊藤と井上のどちらかが小松に同道し、薩長両藩の意志疎通に努め、感情の融和を図ったらどうかと小松に提案した。小松は同意し、井上が鹿児島に行くことになり、上杉も同道することになった。一方、伊藤は長崎に留まって小銃購入に専念し、薩摩船が再び来港するのを待ち、それに銃を積み込んで下関に輸送する段取りであった。

### 薩摩、長州を全面的に支援する

伊藤と井上は、長崎に着いてからのことを七月二六日付の木戸ら藩首脳部に宛てた手紙で説明している。そして、小松との話し合いについては「一々相談したところ、思いのほかうまくいきました」と記し、さらに小松が「どのようなことについても尽力致します」と言ったと記している。小松は、伊藤たちの申し入れを全面的に受諾したのである。そして、銃買い入れの動きを薩摩側が積極的にとったということを書いたあとで、二人は、小松が「これからも薩摩は力の限り長州を援助したい」と言ったと書いている。

この発言や先の「どのようなことについても尽力致します」という発言をみると、薩摩は無条件に長州を援助したいと言っているようである。

この手紙では、このあと伊藤と井上は、すみやかに薩摩藩名義による艦購入も正式に決定してほしいと切言し、薩摩の国論は長州の害にはならず、薩摩は信頼していいと結論づけている。別紙ではさらに、長州が幕府と一戦を交えることになった場合、薩摩は長州を見捨てることはないだろうと書いている。

また、この手紙で伊藤と井上は、小松の反応や薩摩の藩論からみて、薩摩は信頼することができるので安心してよいということを、誠心誠意を込めて述べている。彼らは薩摩藩の状況や長州に対する態度をこのとき初めて知ったと思われる。

軍艦購入の件であるが、紆余曲折の末グラバーから一〇月一八日、ユニオン号を購入することになった。

**上杉宗次郎の大活躍**

井上は八月二〇日に薩摩船で鹿児島から長崎に戻り、そこで七三〇〇挺の小銃を積み込んで、二七日に長州三田尻に帰ってきた。薩摩藩は約束を履行したのである。

井上は、帰藩後すぐに三田尻で藩政府の要人と会見し、長崎や鹿児島における周旋の状況と小銃運搬手続きなどを詳しく説明した。伊藤と井上の長崎行きは、単に銃艦購入の道を開いただけではなく、薩長提携の観点からもきわめて大きな前進をなさしめたものとなった。この点を鑑みて、藩政府は伊藤や井上の甚大な苦労に感謝の意を表し、これまでの藩論の動揺について弁解した。というのは、軍艦購入については、藩海軍局の慎重論が強く、購入が正式に決定されていなかったのである。

井上は九月六日に山口に入り、藩主父子に拝謁した。その際、井上は下関出発以降の小銃の購入とその運搬に至るまでの事情を詳細に上申した。さらに、社中の上杉宗次郎の周旋の功績が特別に大きいことを強調し、彼を引見して親しく今後のことを依頼してほしいと述べている。

翌七日、藩主父子は上杉を下関から招き、引見して厚く労をねぎらい、あわせて汽船購入の件を依頼し、宝物を与えた。その後、汽船も上杉の大活躍によって長州藩は購入することができ、その功績によって再度上杉は長州藩主父子と会見、その労をねぎらわれている。のちには薩摩藩主とも会見し、感謝されている。一介の浪士が薩長二大藩の藩主と会見し、じきじきに感謝されるということは前代未聞であって、上杉の功績がいかに並々ならぬものであったかがわかる。

購入交渉の最大の功労者上杉であるが、やがて悲劇的な死を遂げる。もともと彼は龍馬より三歳下で土佐の「饅頭屋《まんじゅうや》のせがれ」として生まれた。子どものころから利発で、土佐で学んだあと江戸で儒学者の安積《あさか》艮斉《ごんさい》に学んでいる。文久元年（一八六一）には勝海舟の門下生となり、その才能を前土佐藩主山内容堂《やまうちようどう》に認められ、翌二年には武士となった。龍馬との本格的な付き合いもこのころからはじまったと思われる。

その後、龍馬とともに勝のつくった神戸海軍操練所に移り、同所閉鎖後は龍馬を含む土佐藩浪士たちと一緒に鹿児島に行き、しばらくして長崎に移って社中の創立に寄与した。そして銃艦購入問題で活躍したことは、すでに述べたとおりである。

この問題が解決したあと、上杉はイギリス留学を志し、密航する計画を立てる。だが、それが社中メンバーに知られ、相談なく独断で計画したことを責められた。そして責任をとらされる形で切腹したのである。このときの社中メンバーは上杉より年少で、若さゆえの行き過ぎた追及があったのかもしれない。龍馬がその場にいたら、こうはならなかっただろう。

彼は非常に有能な人物であり、彼と論じた高杉晋作も「才子」として高く評価している。一方、その死を聞いた龍馬は、「坂本龍馬手帳摘要」のなかで、「頭はいいが誠実さが足りない。それが上杉氏の身を滅ぼした」と書いている。

いずれにしても、中岡慎太郎、後藤象二郎、山県有朋と同年の若干二九歳の死は、「まことに遺憾である」（木戸）としかいいようがない。

### 長州藩主父子から薩摩藩主父子への手紙

毛利《もうり》敬親《たかちか》父子が上杉を謁見した翌九月八日付で、長州藩主父子は薩摩藩主父子への手紙を上杉に託した。つい一年前には戦火を交えた間柄である。当時の両藩のおかれている状況を考えると、きわめて大きな意味をもつものと考えられる。

それには、禁門の変以来両藩は不信の状態にあるが、それは自分たちの不行き届きであるとし、幕府の政治を批判する一方で、長州は朝廷のために頑張ってきたがうまくいかなかったとある。

そして、井上から薩摩の状況を聞いてこれまでの不信感が拭い去られた、「薩摩が長州と同じく勤王の正義のため行動していることが分かりこの上なくうれしい、皇国のためこの上なく薩摩に依頼します」、さらに「委細は上杉に話したので彼から聞いてほしい」と書かれている。

また、この手紙の二白として、井上がお世話になった礼を述べたあとで、「今後も然るべくご依頼致します」と記されている。つまり、手紙全体で「依頼」の語が二度出てくるのだが、ここでの依頼とは、まだ決着のついていない軍艦購入の依頼と、皇国のために一緒にやりましょうという依頼の二通りの意味がある。

さて、この手紙は「二藩の融和の上に至大な力を与えるものであった」(『維新史』)。高橋秀直氏は、この手紙を薩長関係史では決定的に重要な意味をもつ手紙であると高く評価し、この手紙の送付をもって「薩長同盟」は成立したとする説を展開され、話題となった。

薩摩藩家老の小松帯刀は、伊藤や井上に対して、長州への全面的な援助を申し入れた。先の手紙は、この申し入れに対する返答である。つまり、家老の申し入れに対して、藩主が応えたわけである。

そして、この新説では、「藩の立場を公的に、そして最も重く表明するときは、それは藩主の意向として出される」から、先の手紙は政治的提携関係へのもっとも重い形式での意思表示と見なしてよいとする。つまり、この手紙が出されたことで、「薩摩と長州のあいだで政治的提携関係ができた」ということになる。同時に、「ある政治目的達成のための政治主体間の提携関係」を「同盟」と「定義」するならば、「これは明らかに同盟であり、かかる意味において薩長同盟はここに成立したのである」と説明される。

この新説は、薩長盟約の成立時期を通説より四か月以上も早めるものである。その評価はいろいろありうるだろうが、いずれにしても、この手紙によって薩長両藩の距離が一気に狭まったのは明らかである。

### 幻の薩長会談

これに先立つ七月二八日、井上と上杉は小松にともなわれて長崎を出発し、鹿児島に向かった。鹿児島滞在中、上杉は汽船の購入に関して薩摩側と協議し、井上は薩摩藩家老の桂久武や大久保利通、さらに軍奉行《いくさ》の伊地知正治《いぢちまさはる》らの要人と会談して、薩長両藩の関係が乖離してしまった事情を述べ、あわせて将来の提携が必要である所以を語った。

井上はその際、「あなたたちの疑念がこのように氷解した上は、どうぞ使者を一人わが藩に派遣して欲しい。わが藩もまたそれに報いるでしょう。これは要するに、相互の感情を融和し、意思を疎通する一段階で、後日、連合に至ることを期待して待ちましょう」と述べたという（『世外井上公伝』）。

薩摩側もこれを快諾して、社中メンバーのほか、小松と大久保のどちらかを小銃運搬の汽船に同乗させ、下関に行かせる用意があると告げた。

長崎の伊藤は、八月九日付藩宛ての報告書において、小銃運搬の薩摩船がまもなく下関に着く、それに小松か大久保のどちらかが乗っているから木戸に会談してほしいと書いた。

このころの木戸以外の長州藩首脳部は、薩摩との提携には反対ではないが慎重な態度をとっていた。だが、念願の小銃購入が小松のおかげで実現しそうになると、薩摩藩の真意もわかり、提携に踏み切るようになったようである。

木戸と同役の参政山田宇右衛門は、八月五日付木戸宛ての手紙で、薩摩と結ぶことは幕威をくじき長州のためになる、もっとも重要な「大事件である」と書き送っている。そして薩摩船に対応するために一二日に下関に着いた木戸に対して、山田は一五日付の手紙で、小松や大久保とは「決議の趣旨で応接されるのが大切です」と書いた。おそらくそれ以前に、薩摩との提携に対する長州藩の方針が御前会議などで問題となり、「薩摩と正式に結ぶ」という決議がなされていたのであろう。

木戸は待った。薩摩の最高幹部との会談であるから、うまくいけばこの時点で薩長盟約が締結される可能性がある。長州側は期待し、進物の準備など対応に追われた。だが八月二六日、薩摩船が井上を乗せて小銃とともに下関に着いたとき、小松も大久保も乗船していなかった。約三か月前の西郷のドタキャンに引きつづいて、またもや一杯食わされたわけである。彼らが来なかった理由は幕府の嫌疑を恐れたためといわれるが、真相は不明である。

木戸たちにとって、この二度目の仕打ちは我慢ならなかったであろう。だが、それで長州の対薩接近の意志が弱くなることはなかった。軍艦がまだ購入されていなかったからである。

そして翌九月上旬には、藩全体が接近へと前進するのである。

# 薩長盟約締結

## 坂本龍馬、長州へ

長州藩主父子から薩摩藩主父子への手紙で、両藩の関係はたしかに強化された。四か月後の慶応二年(一八六六)一月に両藩は盟約を結ぶことになるが、そのきっかけとなったのは、九月に起きた長州再征勅許問題と通商条約勅許問題の二つ、とりわけ前者の問題である。

幕府は禁門の変の責任を問うという理由で、第一次長州征討を行った。最終的には、長州がその責任を認めて三家老の首級を提出したので、征討総督府の参謀西郷隆盛は寛大な処分で兵を撤兵させた。

だが、幕府はそれに不満で、処分をやり直そうとした。しかしながら、いったん撤兵した以上、改めて問題にするには、なんらかの名目が必要である。幕府はその後、長州藩が武器を外国から購入しているという事実をつかみ、「不穏な企てがある」という新たな理由で長州再征を決めた。

将軍徳川家茂《とくがわいえもち》が大坂城に入り、そこを征討の拠点にしたのは、慶応元年閏五月二五日のことである。

家茂は諸藩に征討のための出兵を命じた。だがそれに応じる大名は少なく、長州も幕府に臆するところをみせなかった。そこで幕府は、天皇の勅許をとって諸大名を参戦させるという方針をとらざるをえなくなった。

九月二一日に朝議が開かれ、勅許が出されなければ一会桑の三人は辞職すると一橋慶喜《ひとつばしよしのぶ》が脅したため、結局、長州再征は勅許された。また、このとき英米仏蘭の四国から求められていた通商条約の勅許も承認された。ただし、兵庫開港は認められなかった。

九月二三日、大久保利通《おおくぼとしみち》は、兵庫開港問題の件で大坂にいた西郷隆盛宛てに手紙を書き、すでに第一次長州征討で服罪した長州を再度討つのは「非義（道理に背くこと）」であり、「非義の勅命は勅命でない」と、痛烈に幕府と朝廷を批判した。つまり、薩摩は非義の勅命を認めないが、長州も認める必要はないということである。

すでに西郷は、「徳川氏の衰運この時と考えております」（小松帯刀《こまつたてわき》宛ての手紙）とか、幕府は「自ら倒れることは疑い有りません」（大久保・蓑田新平宛ての手紙）と書いており、このころになると、西郷と大久保の幕府批判は共通する態度となっていた。

このような状況に直面して、西郷と大久保は久光の率兵《そっぺい》上京をもって幕府に対抗し、長州再征を阻止するという方法を思いつく。そしてこの薩摩藩の方針を長州側に伝えることを龍馬に依頼した。また、上京する兵隊のための兵糧を下関で調達することにし、その依頼も龍馬に頼むことにした。龍馬はともに引き受けた。国元の久光を説得する役は西郷である。

龍馬は一〇月三日に長州藩庁に赴き、「長州征討の勅許が下されないよう西郷らは尽力したが、結局は出されてしまった。それで西郷らはすぐに帰国して兵を率いて上坂《じょうはん》する、そして力で再度征討に対抗したい、その際兵のため兵糧米が不足するので下関で調達して欲しい」という薩摩側の方針・希望を伝えた(『世外井上公伝』)。長州側は了承した。

龍馬のもたらした情報は、薩摩が長州再征を阻止すると表明したもので、長州としては限りなくありがたく、これで薩摩との提携を長州も藩として志向するようになった。

一方、西郷は一〇月四日に鹿児島に着き、久光に率兵上京を進言したが、久光の代わりに西郷と小松が藩兵を率いて上京することになり、一〇月二五日に京都に着いた。

ついでにいえば、毛利《もうり》敬親《たかちか》から軍艦購入を依頼された社中の上杉宗次郎は、薩摩藩首脳と交渉したが、これは難航した。しかし、長州藩主父子からの手紙に依頼の文言があったことから、上杉や小松の働きでなんとか一応の解決をみた。一〇月一八日、ユニオン号の買い入れが決定した。

再征の勅許は出たが事態が進行しないため、幕府は長州の重臣らを広島に呼び出し、大目付の永井尚志《ながいなおむね》が、前年末の征長軍解兵後に長州藩の行動に不審な点あり、と糾問した。だが、長州側は罪状を認めず、なんの成果も上げずに永井は一二月に帰坂《きはん》した。その後、大坂の二老中（板倉《いたくら》勝静《かつきよ》・小笠原長行《おがさわらながみち》）と一橋慶喜・松平容保《まつだいらかたもり》・松平定敬《さだあき》の一会桑とのあいだで、長州処分の内容を決めるための会談が開かれたが、決着がつかず、解決は翌年に持ち越された。早く処分内容を決めて、その受諾を長州が拒めば攻め込むという算段であった。

薩摩は長州側の銃艦購入依頼に応えた。他方、長州も薩摩側の兵糧米調達依頼に即刻応じた。西郷は両藩の思惑が一致したと感じ、薩長盟約締結へと進むことに思い至った。彼は、京都での木戸孝允《きどたかよし》との会談を望み、長州への正式な使者として側近の黒田清隆を派遣する。

そのときのことを木戸は「自叙」で、「十二月に黒田が自分を尋ねてきて、切に上京を懇願した。また下関にいた龍馬も黒田と共に上京を勧めた。だが思うところがあって自分はなかなかその気にならず、他の人を推薦した。高杉や井上らがさらに促したが、これにも応じなかった。そこでとうとう藩主敬親の主命が下った。これを拒むことはできず、自分はやむなく受け入れた」と書いている。

木戸と黒田一行は一二月二七日、京都に向けて三田尻を出帆し、翌慶応二年一月七日に大坂に着いた。

ところで、龍馬は一二月二九日付の長府藩士印藤肇《いんどうはじめ》に宛てた手紙において、「山口から木戸の長文の手紙がきて、半日も早くと上京を促されました」と書いている。木戸は西郷との会談で、龍馬を当てにしていたものと考えられる。

**京都小松帯刀邸での薩長盟約締結**

木戸は慶応二年（一八六六）一月八日に、薩摩藩代表の西郷、小松を相手に交渉に入った。途中決裂に至るような状況になるが、遅れて入京してきた龍馬同席のもと、同月二一日、薩長盟約は締結された。

同席した四人のうち、盟約の内容を後世に伝えたのは木戸ひとりである。彼はそれを六か条にまとめ、締結直後の二三日付龍馬宛ての手紙で六か条を記し、その確認を龍馬に依頼した。龍馬は「間違いありません」と返書した。現在我々が盟約内容を知ることができるのは、木戸のこの手紙による。

盟約六か条とは、次のようなものである。

［第一条］戦争になったときは、薩摩藩はすぐさま二千余の兵を鹿児島から来させ、在京中の兵と合わせて大坂にも一〇〇〇人ほど配置し、京都・大坂を固める。

［第二条］戦争が長州藩の有利となる気配があるときは、薩摩藩は朝廷に申し上げ、長州藩の冤罪《えんざい》が晴れるよう尽力する。

［第三条］万一、長州藩の敗色が濃くなった場合でも、半年や一年で壊滅することはないので、その間に薩摩藩は長州藩の冤罪が晴れるようきっと尽力する。

［第四条］このまま戦争にならずに幕府の兵が江戸に帰るときは、薩摩藩は必ず朝廷に申し上げ、長州藩の冤罪がすぐさま晴れるようきっと尽力する。

［第五条］幕府が兵を上京させ、一会桑なども今のようにもったいなくも朝廷を擁して正義を拒み、薩摩藩の周旋・尽力を遮るときは、薩摩藩は終《つい》には決戦に及ぶほかない。

［第六条］長州藩の冤罪が晴れたうえは、薩長両藩は誠意をもって協力し、皇国のために砕身尽力することは言うに及ばず、どの道を進もうとも、今日から双方皇国のため皇威が輝き、皇国が回復に至ることを目標にして、誠意を尽くすべくきっと尽力する。

## 薩長盟約六か条の内容

薩長盟約の解釈については、見解に相違がある。それは、盟約内容六か条の解釈が一様でないからである。六か条について、ここでは次のように述べておきたい。

まず指摘できることは、第六条を除いてほかはすべて、薩摩藩が長州藩のために一方的に援助すると約束していることである。盟約締結直後に幕府の長州処分案は決まったが、その内容は長州の受け入れがたいものであり、幕府との戦いは避けられないと考えられていた。そして、戦争を想定して薩摩藩の取るべき行動指針を薩摩側が約束したものが、第一条から第五条までである。

しかし、薩摩藩が長州藩のために、幕府相手に戦うとはどこにも書かれていない。そこに記されているのは、戦争が長州有利に進んでも不利な戦況になっても、あるいはそもそも戦争にならなくても、薩摩は長州の冤罪を晴らすために朝廷に働きかけるべく尽力する、という約束である。盟約でもっとも重要な点である。

ただ第五条で、朝廷を取り巻いている一会桑の勢力が薩摩の尽力を邪魔するときは、一会桑と「決戦に及ぶほかない」と約束していることは注意しなければならない。一会桑を幕府の本体と見なせば、幕府との決戦を約束したと見なせないこともない。実際、盟約は討幕をめざす薩長両藩の軍事盟約であるとする見解が、従来は支配的であった。しかし、江戸の幕閣と一会桑とは、長州処分をめぐっては考えが異なり、一会桑をもって幕府本体とすることはできない。第五条はあくまでも一会桑との決戦を約束したものと解すべきである。

第一条は、戦争になったとき、薩摩藩はわざわざ軍勢を鹿児島から呼び寄せ、京都・大坂を固めると約束している。これは、長州のための軍事的な後方支援を約束したものであるが、同時に、一会桑勢力が天皇を取り込んで尽力の邪魔をすることのないよう、薩摩兵に京都御所の警護をさせることを約束したのである。

戦争になっても半年や一年はもちこたえられるという自信が長州にはあったが、戦争の勝敗よりも彼らにとって大切なのは、長州藩の冤罪を晴らすことだったのである。長州の意をくみ、西郷たちは尽力すると約束した。

要するに、六か条の内容は、皇威回復を共通の最高目的とし、そのために幕長戦争の際、薩摩藩が長州藩のために京坂地方を固めて後方支援をすること、また長州藩の冤罪を晴らすための朝廷工作をすることを約束したものである。

では、長州藩がなにより固執する「冤罪」とは、どのようなものであろうか。それは、元治元年（一八六四）の禁門の変で朝敵とされたことではない。もちろん、それも彼らにとっては冤罪であろうが、その前年の文久三年（一八六三）八月一八日のクーデターにおける天皇の処罰が、もともとの冤罪なのである。

クーデターの三日後、のちに禁門の変の責任をとって切腹した長州藩家老益田右衛門介《ますだうえもんのすけ》が、長州に帰る途中の兵庫で「粉骨砕身して冤罪を釈明し、藩主父子が以前のように上京できるようにしなければ、長州に帰りがたい」(『修訂防長回天史』)と述べており、クーデターで長州のおかれた状況を冤罪と捉えていることがわかる。

長州藩は他の藩と異なり、朝廷とはとくに親しい関係にあった。クーデター前の攘夷活動も孝明天皇の意に添うものと考えており、攘夷を実行せよとの天皇の命令にただちに応じて五月一〇日、下関を通る外国船に攻撃を仕掛けた。これに対して、朝廷は七月八日、正親町公董《おおぎまちきんただ》を監察使として長州藩に派遣し、攘夷実行を称賛させた。天皇自身「よくやった」と褒《ほ》めたのである。

一方、六月二三日、藩主毛利《もうり》慶親《よしちか》は朝廷に金一万両を献上している。朝廷と長州藩の関係は、一見きわめて良好であったというほかない。

だが八月一八日のクーデターにより、長州人は堺町門の警備を解かれて帰国するよう命じられ、さらに藩主父子の入京も禁じられた。それまで朝廷や天皇とはうまくいっていると思っていたため、長州藩にはまったく晴天の霹靂《へきれき》と思われた。

自分たちは天皇の意に添う正義の行動をしてきたが、会津や薩摩が天皇に讒言《ざんげん》して、天皇が我らに無実の罪を帰してしまったのだ。もちろん悪いのは天皇ではなく、そそのかした会津であり薩摩である。勤王藩を自任する長州にとって、天皇の名のもとに冤罪を被ったことは我慢できないことだった。

冤罪を晴らす行動は、朝敵の身で、しかも幕府から今にも攻められようとしている自分たちにはできない、ほかに依頼するほかない。そこで長州が頼ったのが薩摩であった。第一次長州征討時での穏便な処置以降の薩摩藩の態度から、信頼でき、しかもそれを実現する力があると思われたのであろう。

薩摩側にしても、かつては薩英戦争という攘夷活動をしたことがあったので、木戸たちの言い分も十分に理解できるものだったろう。いずれにしても、長州（木戸）は薩摩（西郷・小松）に冤罪を晴らすための尽力を頼み、西郷たちは応ずる旨約束したのであった。

西郷、木戸、龍馬の三人は、盟約をどう評価したのであろうか。

三人のうちで盟約について言及したのは木戸だけである。彼は「自叙」で盟約のことを「前途重大の事件」と書き、盟約締結直後の一月二三日付の龍馬に宛てた手紙では、「皇国の興復にもかかわる大事件」「皇国の大事件」と書いている。

ほかの二人は、盟約についてはいっさい言及していない。それどころか、小松、大久保などの薩摩側要人、あるいは長州側要人にしても同様である。それは盟約が、その性質上、極秘扱いされる必要があったからである。

史料的には明らかにできないが、西郷と龍馬は木戸と同じ思いだったと考えるのが自然である。三人の薩長盟約観は、木戸の「皇国の大事件」に代表されると考えられる。

盟約締結前年の慶応元年冬に書かれたものに、中岡慎太郎の「時勢論」がある。このなかで彼は、「今後天下を興すものは、必ずや薩長両藩であろう」と述べ、朝廷を中心とした国家構築をこの二藩に期待している。

中岡の見通しは、適中したように思える。彼の期待に応えるかのように、薩長両藩は盟約締結にまで進んだ。それはまさに、時勢によって生み出されたひとつの到達点であると同時に、来《きた》るべき王政復古への出発点となった。

**参考文献**

・飛鳥井雅道『坂本龍馬』講談社学術文庫、二〇〇二
・池田敬正『坂本龍馬』中公新書、一九七九
・維新史料編纂会『維新史』（四）吉川弘文館、一九八三
・維新史料編纂会『講演速記録』(12)、一九一八
・井上馨侯伝記編纂会『世外井上公伝』（一）原書房、一九六八
・井上清『西郷隆盛』（上）中公新書、一九七〇
・NHK取材班『堂々日本史』（3）KTC中央出版、一九九七
・鹿児島県歴史資料センター黎明館『玉里島津家史料』（4）鹿児島県、一九九五
・芳即正『坂本龍馬と薩長同盟』高城書房、一九九八
・木戸孝允「薩長両藩盟約に関する自叙」（日本史籍協会編『木戸孝允文書』〈八〉東京大学出版会、一九八五
・小松緑編『伊藤公直話』千倉書房、一九三六
・西郷隆盛全集編集委員会『西郷隆盛全集』（二）大和書房、一九七六
・坂本龍馬「坂本龍馬手帳摘要」（岩崎英重編『坂本龍馬関係文書』〈一〉）東京大学出版会、一九六七
・佐々木克『坂本龍馬とその時代』河出書房新社、二〇〇九
・史談会『史談会速記録』(222)史談会、一九一〇
・春畝公追頌会編『伊藤博文伝』（上）統正社、一九四〇
・高村直助『小松帯刀』吉川弘文館、二〇一二
・日本史籍協会編『木戸孝允文書』（二）東京大学出版会、一九八五

・原口泉『龍馬を超えた男 小松帯刀』ＰＨＰ文庫、二〇一〇
・平尾道雄『坂本龍馬海援隊始末記』中公文庫、二〇〇九
・防長史談会『防長史談会雑誌』（33）防長史談会、一九一一
・町田明広「慶応期政局における薩摩藩の動向―薩長同盟を中心として―」『神田外語大学日本研究所紀要』9、二〇一七
・松浦玲『坂本龍馬』岩波新書、二〇〇八
・横田達雄編『寺村左膳道成日記』（3）県立青山文庫後援会、一九八〇

# 第三章——薩長盟約の立役者は誰か

# 薩長会談再開の立役者は誰か

## 薩長盟約の三つの問題

薩長盟約は、幕府を倒し、新政府を生み出すために最大の貢献をした。

通常、薩長盟約の貢献者は、西郷隆盛、木戸《きど》孝允《たかよし》、それに坂本龍馬の三人であるといわれる。では、この三人のなかで、もっとも貢献のあったのは誰か、つまり立役者は誰なのだろうか。この章では、この問題を考察する。

ここで改めて、慶応二年（一八六六）一月の薩長盟約締結の経過を簡単に述べると、以下のようである。

一月八日に木戸が入京してから、西郷・小松《こまつ》帯刀《たてわき》ら（薩摩側で主として交渉を担当したのは西郷であったので、以下「西郷」の名前だけ記す）との会談ははじまったが、彼らはなんらかの理由で実質的会談に入ることができず、いったん中止となり、木戸の送別会も予定されたほどだった。ところが、龍馬が遅れて入京してきたあとの二一日、これもなんらかの事情で会談が再開され、そこで盟約六か条が締結された。

会談が再開されなければ、木戸は長州に帰っていただろう。会談が再開されたおかげで、盟約は締結されたのである。したがって、薩長盟約の立役者を明らかにするためには、まず薩長会談再開の立役者を明らかにしなければならない。つぎに、再開された会談で、盟約締結にもっとも貢献した薩長盟約締結の立役者がいるはずである。それも明らかにしなければならない。

会談再開の立役者と盟約締結の立役者は同一人物であるかもしれないし、あるいは異なるかもしれない。いずれにせよ、その二人を特定し、総合的に考察することによって、薩長盟約全体、つまり薩長盟約の立役者が明らかになる。第三章では、薩長盟約（全体）の立役者は誰かという問題を考えるが、先に述べた観点から、まず、

(1) 薩長会談再開の立役者は誰か
(2) 薩長盟約締結の立役者は誰か

という二つの問題を検討し、それを明らかにしたあと、その結果を総合して、

(3) 薩長盟約の立役者は誰か

という究極的な問題を考察する。以下、まず(1)の問題を取り上げる。

## 「自叙」における薩長会談の経過

木戸が一月八日に京都薩摩藩邸に入り、それから小松帯刀邸（現、京都市上京区森之木町）に移ってから同月二一日に盟約が締結されるまでのあいだが、薩長盟約ストーリーのクライマックスである。

また、このときの最終的会談の参加者は、薩摩側からは西郷と小松の二人、長州側からは木戸一人の計三人であり、のちに龍馬が加わったとされる。西郷四〇歳、木戸三四歳、小松と龍馬はともに三二歳であった。現代なら青年ということもできるこの四人が、日本の将来のことを想い、必死にやりあったのである。

**「薩長同盟所縁之地」** 小松帯刀が借りて住んでいた近衛家別邸「御花畑」跡。盟約締結地であることが、平成二八年五月に判明した。

その間の経緯について、木戸は感情を込めて述懐している。それを「自叙」に基づいて記せば次のようである。

⑴木戸は一月八日に京都薩摩藩邸に入ったあと、賓客として優遇を受けて十数日を過ごした。だがその間、互いに胸襟を開いて、薩長提携に関する実質的話し合いにはならなかった。

⑵木戸は失望し、二一日には帰藩したいと思ったが、その前日の二〇日に、龍馬が下関から駆けつけた。龍馬が木戸になにか誓約したかと尋ねると、なにも約束していないと答えた。

⑶龍馬はそれを聞いて怒り、せっかく両藩の要人が会合しているのに、なんの成果もあげず、今あなたは帰ろうとしている。藩の面子など捨てて本心を吐露し、大いに天下のために将来のことを協議すべきだと言った。

⑷それに対して木戸は、現在天下を敵に回し、幕府に攻められようとしている長州が、朝廷のために尽くすことのできる薩摩と一緒に事を起こすことは、薩摩を危険にさらし、言わずして自ずから援助を乞うことになる。これは長州人の思ってもいないところであり、私は非常に恥ずかしく思う。薩摩が朝廷のために尽くすのであれば、長州が滅することになってもそれはまた天下の幸いである。だから、私のほうから決して口を開くことはできないと言った。

(5)木戸の話すことを聞いて、龍馬は彼の決意の固いことを知り、またあえて彼を責めなかった。すると、薩摩側が急に木戸の出発を留めた。ある日、西郷が木戸に将来の形情を語り、六か条をもって将来のことを約束した。龍馬もその席にいた。木戸はその翌日、京都を出立して大坂に下り、そこに数日滞在した。そして西郷と約束した六か条は非常に重大な事柄であるので、自分の内容の理解に間違いがありうることを危惧し、二三日付で龍馬に手紙を送ってその確認を求めた。彼はその裏に六か条が間違いないことを誓って返送した。

会談の初めから締結後の龍馬の確認までを、木戸は「自叙」で以上のように書いた。

## 会談の模様

この会談については、まず次のことが指摘される。

西郷と木戸による会談そのものは、一月八日ごろからはじめられたと思われるが、じつはちょうど同じころ、長州処分案を決めるための会談が京都二条城において、二老中（板倉勝静《いたくらかつきよ》・小笠《おがさ》原《わら》長行《ながみち》）と一橋慶喜《ひとつばしよしのぶ》・松平容保《まつだいらかたもり》・松平定敬《さだあき》の一会桑三人とのあいだで行われていた。これは、永《なが》井《い》尚志《なおむね》の広島糾問の結果を受けてのものであった。そして、そこで決定をみた処分「案」は、のちに天皇によって勅許されると正式な「処分内容」となるのである。
この二条城会談は前年から行われていたが、煮詰まってきたのが一月七日以降であり、木戸の上京と時期が重なるのである。西郷と木戸の交渉は、長州処分問題の推移と並行して進められることになる。
そして、七日からはじまった二条城会談は、一五日にいったん決裂する。幕閣二老中と一会桑三人とのあいだで意見が分かれたのである。

一九日　会談再開。一会桑が二老中案を承認するという形で、その夜に幕府による「長州処分案」がまとまる。
二〇日　二老中から天皇家へ連絡。
二二日　勅許が下され、最終的に処分内容決定。

その内容は、一〇万石の削減、毛利家当主敬親《たかちか》の蟄居・退隠、世子の永蟄居、しかるべき者の相続であった。このように、幕府内の会談を横目にみながらの西郷と木戸の会談であったが、そこではなにが論じられていたのか。それは、岩国藩主吉川経幹《きっかわつねまさ》の政治的周旋をまとめた『吉川経幹周旋記（四）』によってうかがい知ることができる。

情勢探索のため大坂薩摩藩邸に派遣された長州支藩の岩国藩士井上徳之助と長《ちょう》谷太郎（本名は長新兵衛）に対して、二月八日、薩摩藩士吉井友実《よしいともざね》と税所篤《さいしょあつし》が、「長州処分奏聞《そうもん》の件」について西郷から聞いたことを語った。その内容を井上・長の二人が岩国に宛てて報告した二月一二日付の手紙が、前述『周旋記』に収められているのである。

それによれば、吉井と税所は、まず「かねて西郷と小松の二人は近衛家に参上して、長州処分を寛大にと願い、近衛家側も了解していた。だが、朝議では幕府にへつらう公卿が多く、薩摩側の意見は採用されず、一〇万石の削地と藩主父子の退隠に決定したのは気の毒であった」と話したあと、次のように語ったという。

［井上・長報告書］
先ごろ木戸が西郷と会談した際、木戸は、もはや昨年の長州藩三家老の首級提出で長州処分問題はすべて片がついていると主張し、幕府による処置を遵奉《じゅんぽう》する口ぶりではなかった。それに対して西郷からは、とりあえず今日のところは処分を受け入れてくれ、そうすれば長州藩主父子の官位はいずれ復旧され、政界復帰も公認され、長州藩は京都に出入りできるよう

になるのだから、その際に薩摩も一緒になって処分の停止・撤回（冤罪を晴らすこと）を朝廷に嘆願しようという話があったが、木戸は同意しなかったという。

さらに、広島に派遣されていた吉川家士《かし》の塩谷鼎助《しおのやていすけ》が、二月二九日に薩摩藩士黒田清隆から聞いた話を岩国に報告した三月三日付の手紙があり、これも前述『周旋記』に収められている。黒田の話として、塩谷は以下のようなことを報告している。

［塩谷報告書］
（黒田の話によれば）木戸と西郷の会談の際、西郷が言うには、まず今回は処分を受け入れてほしい、そうすれば長州藩も追々京都に入ることができるようになるから、そのうえで処分の停止や撤回をする方法もあるだろうということであり、薩摩側も今回の処分は当然のこととみているようである。

これらの報告書から、西郷たち薩摩側は、長州処分を寛大にするよう公卿、とくに近衛家に働きかけていたことがわかる。また、西郷は、長州が無罪であることはありえないから、とりあえずは処分を受け入れてくれと木戸に迫り、木戸はそれを拒否していたという状況だったことがわかる。

## 西郷隆盛と木戸孝允が対立したのは、どの段階の会談であったか

ところで、井上・長の報告書に書かれているような意見の衝突がみられたのは、再開前の会談と再開後の会談のどちらにおいてであったのか。この問題については、論者のあいだでも意見が分かれる。

改めて「自叙」をみてみる。そこで木戸は再開前の会談では、「薩長提携に関する実質的話し合いにはならなかった」と書いていた。だから木戸は「失望し、二一日には帰藩したいと思った」のであった。

西郷がとりあえずは処分を受け入れてくれと主張するのに対して、木戸が断固拒否するというのは、かなり進んだ段階での話であり、そのような話が再開前の会談で出ていたのであれば、木戸は「実質的話し合いにはならなかった」とは書かなかっただろう。「自叙」を信頼するかぎり、西郷と木戸の意見衝突は、再開後の会談においてであったといえよう。

他方において、先に引用した二つの報告書中の「幕府による処置」「今回の処分」は、いずれ

も一月二〇日に朝廷に奏聞された長州処分に関する幕府案内容を意味しており、西郷は木戸にその受諾を要請し、木戸はそれを拒否したというのであるから、この対立は明らかに龍馬登場以降の会談、再開後の会談におけるものであると考えられる。

いずれにしても、そこに明確な史料的根拠があるわけではないが、井上・長報告書での西郷と木戸との意見対立があったのは、再開後の会談においてであったとするのが説得力があるといえよう。

木戸は、「自叙」では処分案に全然触れていない。なぜだろうか。この点について、明治維新期の政治史を専門とする青山忠正氏は、「薩長盟約の成立とその背景」において、おおよそ次のように説明されている。

盟約六か条のなかの第二、三、四、五条に、「薩摩藩側から朝廷に働きかけて長州藩の冤罪を晴らす」と記してある。時の孝明天皇は、長州征討の明確な意志をもっていた。よって、薩摩側による長州の擁護・政治的復権を内容とする同盟は、実質上「じつに天皇自身に責任を取らせ、天皇の意志によって幕府に長州処分を撤回させる」という内容のものと解せられる。木戸が「自叙」を書くのは、天皇の権威が絶対視・神聖視されつつあった明治に入ってからである。当時、木戸自身が明治政府の最高権力者のひとりである。そのような木戸自身を含む薩長両藩首脳が、たとえ慶応二年（一八六六）の時点であったとはいえ、天皇に責任を取らせるような方策を構想していたということは、木戸としてはひた隠しにしたいことであっただろう。

だが、その事実を隠したまま交渉妥結を整合的に説明しようとすれば、ほかの理由を構えねばならない。そこで木戸は、盟約と長州処分問題にはいっさい触れずに、つまり天皇問題にはいっさい触れずに、交渉の停滞を自身の心情を中心に説明し、そしてそれが一気に進展した理由を龍馬の登場と仲介のみによるものであるかのように叙述してみせたのである。後年の手記類には、その時点での政治的判断に基づく作為の要素が混入してくる場合があるのである。

以上の青山氏の説明は、非常に説得力があるように思われる。薩摩側は薩長盟約に関する記録を全然残していないが、案外同じような理由から、そうしたのかもしれない。

**四つの会談再開説**

改めてみてみると、「自叙」では、「龍馬は彼（木戸）の決意の固いことを知り、またあえて彼を責めなかった」のあとは、「薩摩側が急に木戸の出発を留めた」となっており、この二つのあいだの記述がない。なぜ薩摩側が木戸の出発を止め、会談が再開されたのかの理由がわからない。

これについては、木戸が帰藩の意志を固めたのは、西郷から薩長に関係する会談の申し入れがなく、それを聞いた龍馬が、西郷から口を開くよう説得した、それを西郷が受け容れて会談がはじまった、つまり、会談再開は龍馬の周旋（働きかけ）によるものであり、彼こそ会談再開の立役者であるとする「龍馬周旋説」がある。この龍馬周旋説が、今までは有力視されてきた。

だが、じつはこれを正当化する明確な史料的根拠があるわけではない。すなわち、龍馬周旋説は、あくまでひとつの仮説であり推測にすぎない。ほかの仮説もありうる。ここではそのような仮説として、龍馬周旋説以外に、西郷呼びかけ説、龍馬の会談同席説、それに処分案情報説を取り上げ、これら四つの成立可能性を比較・検討することで、会談再開の立役者を推測してみたい。

### ⑴ 龍馬周旋説

この説は非専門家のあいだでは、よく知られている。薩長盟約における龍馬の活躍では、西郷への説得がもっともよく知られており、またもっともよく龍馬の魅力を示すシーンとして、多くの小説やテレビドラマなどで採用されている。

それどころか、この説は今なお専門家によっても支持されているようにみえる。たとえば飛鳥井雅道氏は『坂本龍馬』において、「龍馬は黙った。そして西郷を説いた。西郷は桂に会った。そして西郷の方から口を開いて同盟を語り始めたのである」と書いておられる。

これが宮地佐一郎氏の『中岡慎太郎』になると、いっそうヒートアップして「盟約を申し出ない西郷を叱った」となる。八歳年上で、しかも自分を含む社中のメンバーに月三両二分の給料を払ってくれた薩摩藩の代表者を叱り飛ばすという龍馬の英雄ぶりが強調されている。

龍馬周旋説を国民のあいだに浸透させるのに圧倒的に貢献したのは、司馬遼太郎氏の小説『竜馬がゆく』であろう。国民の多くは、学術的文献は敬遠し、龍馬の伝記でさえ手に取る人は少ないと思われる。文章表現の巧みさやストーリー展開のおもしろさなどで『竜馬がゆく』にのめり込み、この小説で龍馬のことを知ったと思う読者が圧倒的に多いのではなかろうか。

その司馬氏が（「あとがき」などではなく）本文のなかで、

筆者は、このくだり（西郷に対する説得）のことを、大げさでなく数年考えつづけてきた。じつのところ、竜馬という若者を書こうと思い立ったのは、このくだりに関係があるといっていい。（中略）

桂の感情は果然硬化し、席をはらって帰国しようとした。薩摩側も、なお藩の対面と威厳のために黙している。

この段階で竜馬は西郷に、

「長州が可哀そうではないか」

と叫ぶようにいった。（中略）一介の土佐浪人から出たこのひとことのふしぎさを書こうとして、筆者は、三千枚ちかくの枚数をついやしてきたように思われる。


と書かれている。

小説の本文中に筆者が顔を出すというのも異例であるが、しかし、それで司馬氏の考えがわかる。だが一方で、筆者が顔を出すというスタイルが、西郷に対する説得を疑いもなく史実と考える読者を生み出すことになったのであろう。司馬氏は明らかに龍馬周旋説を史実と見なし、「その難事を最後の段階ではただひとりで担当した」龍馬の魅力を読者に知ってもらおうとの思いもあって、あの大部な小説を書かれたのであろう。歴史学者の支持もあったが、司馬氏の圧倒的貢献によって、龍馬周旋説は史実として国民のあいだに浸透していったといってよい。

はたして「西郷に対する説得」は、本当に史実なのであろうか。

龍馬周旋説の論者でも、まったくなんの根拠もなく主張されるはずがない。そこにはそれなりの根拠があるはずである。それは木戸の「自叙」である。従来は、幕末維新史が専門の家近良樹氏『西郷隆盛と幕末維新の政局』にあるように、木戸が帰藩せんとしていたとき、「前日京都入りした坂本龍馬がやって来て、彼の仲介で盟約がまとまったというのが木戸の『覚書（自叙）』の要旨であった」とされていた。

このような考え方は、昭和一六年（一九四一）に刊行された『維新史』でもみられる。これは明治四四年（一九一一）に文部省に設置された「維新史料編纂会」が編集したもので、維新史に関する官製的見解と見なすことができる。

その『維新史』は、会談が進捗《しんちょく》していないことに腹を立て、再開すべきことを進言した龍馬に対して、木戸が弁解した部分を「自叙」からそのまま引用して「（略）だから、私のほうから決して口を開くことはできない」と書いたあと、「よって龍馬は転じて薩摩側の説得に努めた」と書き、つづいて「ために会談は急に進展し」「ついに薩長提携の密約六か条を締結するに至った」と記している。『維新史』が「自叙」を基にして龍馬周旋説を述べているのは明らかである。

しかしながら「自叙」のどこを見ても、龍馬が薩摩側（西郷）を説得する記述はない。それは、いわば論者によって生み出されたものである。これでは、「自叙」の記述から西郷への説得を論理的に導出することはできず、せいぜいできるのは「推測する」ことだけである。

歴史的命題の場合、それは確認できない過去の出来事に関する主張であるから、それが推測であるか、真なる命題であるかを区別することは、困難であるかもしれない。だが、会談再開に際しての龍馬の働きを明らかにしようとする場合は、注意深く区別したほうがよいであろう。

その意識が明瞭なのは、『修訂防長回天史』の著者で伊藤博文の女婿でもあった末松謙澄《すえまつけんちょう》である。彼は同書のなかで、「自叙」での「木戸の述べることを聞いて龍馬は彼の決意の固いことを知り、また敢えて彼を責めなかった」と「そして薩摩側が急に木戸の出発を留めた」とのあいだに、「私が思うに、その間坂本龍馬の斡旋があった」と記して、龍馬の斡旋を推測している。

龍馬周旋説が事実であったとすれば、龍馬の活躍をなぜ木戸は「自叙」で書かなかったのであろうか。龍馬が登場してから、木戸の言い分を認め、木戸のことを責めなかった、というところまで「自叙」ではかなり詳しく書いているのに、肝心かなめの龍馬の周旋のことをなぜ書かなかったのであろうか。

これが、下手に出る必要のない西郷や小松などが、木戸に会談の再開を呼びかけて再開されたということになると、木戸としては薩摩のおかげで会談が再開され、盟約は成立したということになり、そのことを書きたくはないであろう。だが、土佐脱藩浪士である龍馬の大活躍であれば、長州人の木戸にとって不名誉にも不利益にもならないのではなかろうか。

また、当時木戸は現場にいなかったので書かなかったのだと言われるかもしれない。だが、彼が「自叙」を書くのは、盟約締結後かなり時間がたってからである。実際に龍馬の周旋があったのなら、その間に必ずそのことを聞いているはずであり、したがって必ず書いたはずである。龍馬のことを書けない理由も見当たらない。

木戸が会談を再開させて盟約が成立すれば、長州藩主も喜び、木戸の手柄になるだろう。だが、木戸は自分が再開を働きかけたとも書いていない。手柄を自慢する気や横取りする気がないのである。そして、会談再開のきっかけになったのが「人」であれば、誰かが働きかけたのである。それが龍馬であれば、「自叙」に書いたと思われる。だから、木戸が書かなかったということは、龍馬は周旋しなかったのだと推測できるのではなかろうか。

「自叙」をもって龍馬周旋説の根拠とされる論者も少なくないが、今までみてきたように、「自叙」のどこにも龍馬の周旋のことは書かれていない。逆に、それは龍馬周旋説の否定的根拠ともなりうるのである。

龍馬の周旋を史料的根拠どころかなんらかの理由を添えて推測される論者さえほとんど見当たらないなかにあって、芳氏は『坂本龍馬と薩長同盟』において、「自叙」ではみられない理由を添えて龍馬周旋説を述べておられるので、それを紹介する。氏は「またあえて彼を責めなかった」

のあとを、

しかし龍馬は考えた。聞けば幕府の長州処分案もきまり、戦争の危険もありうることになった。だから龍馬は単なる懇談会（薩長和解）で木戸がかえったのでは藩主に報告のしようもなかろうし、また黒田が木戸を呼び出しに行った時、長州藩内には奇兵隊などの反対があり、薩摩藩の意図を疑う者もいて、「交々《こもごも》紛議錯出停止ノ期ナキカ如シ」（「薩藩長州ニ密使ヲ派遣シテ連衡《れんこう》ヲ謀《はか》ル」『忠義公史料』）というから、木戸としてもぜひとも何かはっきりした手形が必要だろう。そこで龍馬は西郷らと話し合った。もちろんそんなことは木戸の「自叙」には書いてない。しかし木戸の話を聞いた龍馬が、そのまま黙って引っ込んだと考える方が非常識であろう。木戸が「自叙」に「薩州又にわかに余の出発をとどむ」と書く理由を考えると、これが木戸の話を聞いた龍馬が西郷と交渉した結果、すなわち龍馬奔走の結果ととらえることは不当ではあるまい。その際、初め木戸に激しい怒りを込めて詰め寄った龍馬が、今度は西郷に激しく詰め寄ったと想像することも余り見当はずれではなかろう。そこで龍馬の話を聞いてもっともだと思った西郷らは、改めて木戸との会談を設定し、いわゆる六か条の薩長同盟を結んだということではないか。

と推測されている。

ここでは、このまま成果をあげずに帰藩したのでは木戸が気の毒であると考えた龍馬が、西郷に対して木戸の心情を話して西郷から口を開けと激しく詰め寄り、龍馬の話を聞いた西郷が、木戸の心情を理解し、改めて会談の再開を申し入れたのではないか、と書かれている。龍馬が木戸に同情し、西郷は龍馬と木戸の気持ちを理解している、という前提に基づく議論である。また、木戸の帰藩後に予想される状況については、「自叙」は触れていない。

前頁でみたように、芳氏はみずからの龍馬周旋説のなかで、「『自叙』には書いてない」「非常識であろう」「不当ではあるまい」「見当はずれではなかろう」という書き方をされている。つまり、自分の龍馬周旋説はあくまで推測であるということを明記されている。根拠を示さずに龍馬周旋説をあたかも自明的真理であるかのように扱う論者もいるなかで、特筆されるべき「知的誠実さ」であるといわねばならない。

ひとつの仮説として芳氏の説も可能性はある。だが、それとともに大きな弱点もあるように思われる。その点については、「西郷呼びかけ説」のところで触れよう。

### 龍馬周旋説の問題点

ここで、一般的観点から改めて考えてみよう。

「自叙」に基づいて龍馬周旋説をとる人は、

①西郷に会談再開を説得するために、龍馬は彼のところに行くだろう。

②それは成功するはずである。

の二つを推測する。

しかしながら、龍馬が西郷のところに行くかどうかはわからない。たしかにその可能性はあるが、行かない可能性もある。木戸が自分の上京を心待ちにしていたということは龍馬も知っていたので、上京後ただちに木戸のところに行ったことは納得できる。だが、木戸から長州に帰る理由を聞いた龍馬はそれに納得したのであるから、やむをえないと思って盟約の締結を断念する可能性もあるだろう。もちろんあきらめずに西郷のところに行く可能性もあるが、どちらの可能性が高いかは決められないだろう。

だが同時に龍馬周旋説の論者は、第一の推測にとどまらず、西郷への説得は木戸への説得の場合とは異なり成功するはずだと考える。その理由がどうもわかりにくい。木戸のことをあえて責めなかった龍馬が、今度は西郷のところに行き、木戸に対して言ったように西郷に対して「天下のために藩の面子など捨てて会談を再開すべきだ」と言ったとしよう。

ところで、いわば敵地である京都にわざわざ来てもらった木戸に対して、西郷が会談再開を呼びかけないとすれば、そこにはそうせざるをえないのっぴきならない事情があるはずである。当然、その事情を西郷は龍馬に語るであろう。すると、木戸が自分から口を開かない事情を聞いた龍馬が、それに納得してそれ以上の木戸への説得をしなかったのと同じように、西郷側の言い分を聞いた龍馬が、それに納得してそれ以上の西郷への説得をあきらめ、「またあえて彼を責めなかった」となる可能性が大である。

つまり、木戸への説得が失敗したように、西郷への説得も失敗する可能性は高い。龍馬周旋説は、龍馬は木戸への説得は失敗したが、西郷への説得は成功すると主張するのである。そこでは当然、その理由が明らかにされる必要があるだろう。

そもそも長州は、いよいよ高まる幕府との戦争に備えて、薩摩との提携がどうしても必要であったように思える。だが、木戸は会談を断念して帰藩せんとしていた。それに対して、幕府が長州の次に薩摩の取り潰しをねらっていたとしても、薩摩が長州との提携を長州以上に必要としていたかは疑問である。

それにもかかわらず、龍馬の説得に応じて盟約を締結すべく西郷が会談に応じなければならないという理由はなにか。このあたりのことを説得力ある論法で説明したうえで、龍馬周旋説を展開されている論者をみたことはない。

このように、「自叙」に基づいて西郷への説得を主張することには、明らかに論理的飛躍があるのである。

### (2) 西郷呼びかけ説

ここで、改めて芳氏の説を取り上げてみよう。芳氏は、戦争の可能性もありうることになり、奇兵隊などの反対があったなかで上京してきた木戸が、なんの成果もあげずに帰藩したのでは気の毒であると考えた龍馬が、西郷に会談の再開を説得したのではないか、と推測されていた。つまり、木戸への同情がきっかけになっている。

たしかに「自叙」の「またあえて彼を責めなかった」のあとは、芳氏が記述されたような状況だったのかもしれない。だが、そうではなかったのかもしれない。

芳氏の説は、大きな弱点をもっている。それは、木戸への同情をもつ者を龍馬ひとりとしている点である。だが、ほかにもいたのではなかろうか。木戸と相対して交渉した西郷、小松あるいは大久保利通《おおくぼとしみち》も木戸に同情していたかもしれない。これは理性ではなく感情の問題である。同じ人間である。龍馬だけが同情してほかの人たち、とくに薩摩側の人間は誰ひとり同情しなかったとするのはおかしいだろう。

前年の慶応元年（一八六五）一二月に、木戸の上京を要請するために西郷から長州に派遣された黒田清隆は、上京を渋る木戸を伊藤博文、井上馨《いのうえかおる》、高杉晋作、その他の長州人、それに龍馬らと一緒になって説得した。最終的には藩主の命令に応じざるをえなかったが、木戸の悩みに悩んでの決心であったことを黒田はよく知っており、木戸に同情していたと思われる。よって黒田が西郷を説得したという可能性もある。さらに、黒田から長州や木戸の事情を聞いた小松や大久保、その他の可能性もある。

黒田は、木戸と一緒に上京の途に就き、入京直前の一月七日付西郷宛ての手紙のなかで、「さて木戸氏はじつに先生のみひとえに相慕われ、今回上京されました」ので、伏見（現、京都市伏見区）の薩摩藩邸で出迎えを頼みます、と書いた。西郷は村田新八と一緒に木戸を出迎えた。

木戸が西郷ひとりを信用し、頼って上京したのは明らかであり、それは西郷が木戸を指名したからであろう。「先生のみひとえに相慕われ、今回上京されました」の部分を西郷が読んだとき、彼の心の中に木戸に対する一種の責任感を含むある感情が沸き起こったと想像することは自然である。もしかすると、この感情は龍馬が抱いた木戸への感情よりも強かったかもしれない。西郷は、「情の虫」を殺すために若いころから苦労した、そのような情の人である。また、黒田は西郷に復命した際、長州の状況と木戸の上京に決定したいきさつを詳しく説明したものと思われる。

このような事情を考慮すると、会談を断念して帰藩する木戸に同情するのは龍馬だけでなく、木戸の上京を要請した張本人である西郷も龍馬に劣らず同情したのではなかろうか。したがって、芳氏の論法にならっていえば、西郷が木戸の立場に思いを入れ、改めて会談を申し入れたという「西郷呼びかけ説」の可能性もあるだろう。

それに対して、西郷その他の薩摩側の要人が木戸に同情していたのであれば、龍馬登場以前になぜ会談再開を呼びかけなかったのかといわれるかもしれない。これには以下のように答えることができる。

芳氏の前掲書によれば、じつは薩摩藩の内部事情により、西郷と小松に藩主から帰藩せよとの命令が、一月一六日夕刻に届いており、翌一七日には二人に対して、近日中に鹿児島に帰るよう伝えられたと思われる。

一方、在京の薩摩藩家老桂久武日記の一月一八日条に、「小松邸で午後五時ごろから、桂、同役の島津伊勢、西郷、大久保、吉井、奈良原幸五郎それに木戸とのあいだで深夜まで国事のことを話し合った」という内容のことが書かれている。薩長両藩首脳のあいだで、なにが話し合われたかはわからないが、西郷と小松が帰藩するので、その前に首脳による会合がもたれたのではなかろうか。そして、この会合では薩長盟約につながるような結論は出なかったものと考えられる。

一八日に時間をかけて十分に話し合いをしたのであるから、翌一九日に、帰国の準備もある西郷が再び木戸に対して会談を申し込むということはないのではなかろうか。成果が見込まれない以上、一九日までは木戸に会談再開を呼びかけることはできなかったと思われる。

ところが、二〇日になって状況が変わった。後述するように、西郷と小松の代わりに大久保が帰藩することになった。つまり会談再開が可能となったのである。そうすると、二〇日の龍馬登場後に、龍馬ではなく西郷が木戸に会談再開を呼びかけてもなんら不思議ではないのである。

### (3) 龍馬の会談同席説

これまで龍馬周旋説と西郷呼びかけ説の二つを扱ってきたが、それに対して、龍馬自身を会談再開のきっかけにする、ということも考えられるのではなかろうか。つまり、龍馬登場をきっかけに、それまでの西郷、小松、木戸の三人に龍馬を加えて、四人で会談を行うことを誰かが提案することで、会談が再開されたという考え方である。これを「龍馬の会談同席説」と呼ぶことにし、その可能性を探ってみよう。

すでに紹介したように、慶応元年（一八六五）一二月二九日付の印藤肇《いんどうはじめ》宛ての手紙のなかで、龍馬は「山口から木戸の長文の手紙がきて、半日も早くと上京を促されました」と書いていた。木戸は一二月二五日に下関を出立している。半日でも早く上京してくれと龍馬に頼んでいるが、これは尋常ではない。木戸は薩摩側との会談で、龍馬になにかよほどのことを期待し、彼を非常に頼りにしていたものと考えられる。

また、盟約締結後の一月二三日に、木戸は龍馬に手紙を書いた。そのなかで、木戸は盟約六か条を示し、それを確認して手紙の裏にその旨を記して返送してくれるよう頼んでいる。龍馬はその通りにした。そして、木戸のこの手紙と龍馬の裏書によって、現在我われは盟約の内容を知ることができるので、龍馬の確認は重要な貢献である。

ところで、薩摩側には盟約の内容を記したものは残されていないのに、木戸はなぜそのようなものを必要としたのだろうか。前掲の手紙を読むと、歴史的に重要なものであるので、明確な形で残しておきたいという思いもあったようであるが、それとともに長州藩、とくに奇兵隊を中心とする諸隊に対して自分の働き・功績を示し、確認させておきたいという思いがあったのではなかろうか。

薩長接近に反対する諸隊の抵抗があるなかで、彼は藩命で上京し、大きな期待を背負って会談に臨んだのであり、長州側の期待に応える必要があったのである。だから会談が上首尾に終わった場合、自分の功績を証明するものがほしかったのではなかろうか。

二一日に盟約が締結されたあと、木戸はすぐさま京都を出発して翌日に大坂に着き、そこで十分考えて、二三日に龍馬に宛て六か条確認依頼の手紙を書いている。しかもそのなかで、彼は四度も確認依頼の文言を記しているのである。きわめて異例である。この確認が彼にとっていかに緊急かつ重要な課題であったかがわかる。

こうしたことから、龍馬に伝えていたのかどうかはわからないが、おそらく木戸自身は会談において、龍馬に長州側に立つ発言をしてもらい、また会談終了後には盟約内容を確認してもらう意図があって、龍馬にはどうしても会談に参加してほしかったのではなかろうか。そのために龍馬に半日も早く上京してほしかったのではないだろうか。

だから西郷たちとの会談が決裂したのには、龍馬の不在が関係していたのかもしれない。したがって、そのような意識が木戸に少しでもあれば、龍馬を参加させる形での会談再開の提案に、木戸は応じるだろう。

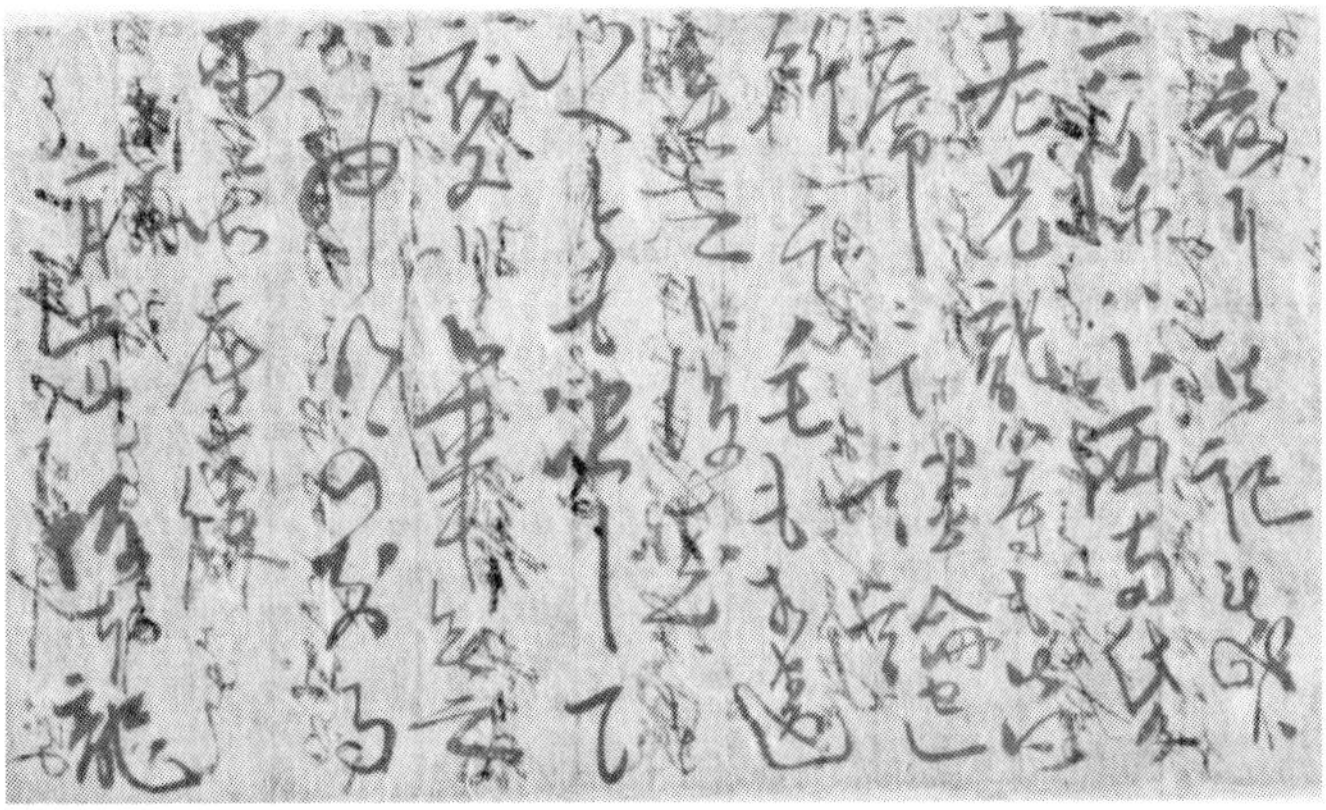

**坂本龍馬の裏書**　木戸孝允が記した薩長盟約六か条の正しさを龍馬が保障したもの。現在我われは、この龍馬の保障によって盟約の内容を確実なものとして知ることができるので、非常に重要な裏書である。

表に御記被成候
六條ハ、小西両氏及
老兄龍等も御同
席ニて談論せし
所ニて、毛《ごう》も相違
無之候、後来と
いへとも決して
変り候事無之
ハ神明の知る
所ニ御座候
　丙寅
二月五日　　坂本龍

表に書かれました
六か条は、小松、西郷および
貴兄、龍馬らも同
席して談論した
もので、少しも間違いは
ありません。将来と
いえども、決して
変わらないこと
は神の知る
ところであります。
　慶応二年
二月五日　　坂本龍馬

原口泉（『龍馬を超えた男 小松帯刀』を改変）

では、龍馬同席の会談を提案するのは誰だろうか。まず龍馬自身が提案するという可能性があるが、この場合、龍馬は言い出しにくいのではなかろうか。自分を加える形での会談再開を、西郷や小松あるいは木戸に呼びかけるとは考えられない。

次に、木戸が龍馬同席を西郷や小松に提案するということも考えられる。龍馬は西郷や小松とも親しく、また両藩の事情に通じていたともいわれるので、この提案は理にかない、決して薩摩側に頭を下げるということにはならないであろう。

また、西郷か小松が、木戸に龍馬同席の会談再開を申し込むということもありうるだろう。二人は龍馬を非常に高く評価していたからである。

盟約は、西郷、小松、木戸、それに龍馬が同席している場で結ばれた。だから、誰かが龍馬の同席を提案したのである。これはきわめて重要な事実である。心情的には、登場してきた龍馬を見て、最年長の西郷が彼を誘ったと思われるが、やはり可能性としては、木戸が龍馬の上京を待ち望んでいたということもあり、彼が提案したのではなかろうか。

このように、龍馬の会談同席説もたしかに可能性があるように思われる。

### (4) 処分案情報説

通説ではあたかも史実であるかのように扱われている龍馬周旋説ではあるが、それは西郷、木戸、それに龍馬の、相手の心情を理解する個人の主観的な内面的能力・状態に依拠する、きわめて心もとない考え方である。したがって、説得力に乏しいという弱点がある。

他方において、客観的な出来事と思われる要因に依拠する説明もありうる。こちらのほうが当然説得力がある。それは、会談が幕府側の「長州処分案」決定のための二条城会談の行方をにらみながら行われていたという、おそらくは正しいであろう推測に基づく説明である。

幕府処分案の行方は、当時の諸大名の最大の関心事のひとつだったという。当事者である長州にとって、どのような処分が出されるかは藩の死命を決する大問題であり、最悪の場合も想定して対幕府の戦争準備もなされていた。薩摩側もあらゆる手段を使って情報収集にあたっていたものと思われる。

実際のところは、幕府処分案がいつ確定するのか見通しが立たず、また木戸は入京以来体調がすぐれなかったうえ、いつまでも長州を留守にできないために長州に帰ると言い出したが、幕府の処分案が確定しさえすれば、それに応じて長州は対策を決めることができるだろう。こうしたことから、西郷と木戸たちは、幕府の処分案が確定してから本格的な会談をはじめるつもりでいたという可能性が考えられる。

これだと、処分案の情報がもたらされなかったあいだは実質的会談が行われず、おそらく幕府の処分案の詳細が薩摩側に伝えられた直後に会談が再開された、ということをうまく説明できるのである。このような、幕府側による処分案の情報がもたらされたから会談は再開されたのだという考えを「処分案情報説」と呼ぶことにして、以下その可能性を考えてみよう。

すでに述べたように、幕府側の長州処分案は一月一九日の夜に確定した。処分案情報説が成立するためには、木戸が帰藩する前にその情報を獲得できたことを示さねばならないが、はたして西郷たちにそれができたであろうか。三人のなかでは、朝敵である長州藩の木戸や浪士の龍馬にはできなかったと思われる。情報獲得は西郷ら薩摩側に期待されねばならない。

また、処分案は幕府側の二条城会談で確定されたので、幕府側から薩摩側に情報がもたらされるということも考えられる。幕府側の一橋家と島津家は、先君斉彬《なりあきら》以来親しい関係にあった。また、西郷はともかく小松は、一橋慶喜と個人的にも親しい関係にあった。よく知られている話であるが、豚肉好きの慶喜が小松に対して、薩摩の黒豚肉を所望する手紙をたびたび出しているほどであった（元治元年一一月二六日付小松の大久保宛て手紙）。また、しだいにぎこちない関係になっていくが、禁門の変後は西郷も征長総督府の参謀になっていた。

このように、それまでの関係からみると、幕府側から薩摩側に情報がもたらされても不思議な感じはしない。しかしながら高橋秀直氏によれば、こと長州処分問題になると、幕府は厳しい秘密主義をとっており、薩摩側に洩らされた可能性は低い。

こうしたことから、薩摩側は朝廷から情報を入手せざるをえなかった。薩摩藩は、朝廷最大の有力者近衛家と特別親しい関係にあった。テレビの大河ドラマで一躍有名になった篤姫《あつひめ》は、もともと薩摩藩の一領主の娘だったが、やがて斉彬の養女となり、さらに近衛家の養女となって徳川一三代将軍家定と結婚したのであった。こうした関係によって、薩摩藩はそれまでも近衛家を通じていろいろな情報を得ていたのである。よって処分案情報についても、当然近衛家を通じて知ろうとしたと思われる。では、一月二〇日のころはどうだっただろうか。

この点について、青山氏は『明治維新と国家形成』において、朝廷と薩摩藩のかかわりについて、島津家は「二十日に処分案が老中から天皇家に連絡された後は、近衛家を通じて、その審議にかかわる動きをリアルタイムで探知しようと努めていた」とか「天皇家内部でも主だった者は、二十日～二十一日のうちに処分案内容を確実に知っていたはずであり、可決の予想などを含めた諸情報が外部へ洩らされた可能性は、きわめて高い」と述べておられる。

さらに、佐々木克氏は『幕末政治と薩摩藩』のなかで、幕府の長州処分案が確定したのが一月一九日で、二〇日に朝廷に奏上されたが、「即日近衛忠房から薩摩藩在京首脳部に、報告がなされたであろう」と述べておられる。

これらの研究成果を基にして考えると、二〇日からその翌日のあいだに、近衛家から薩摩側に処分案情報がもたらされた可能性が高い。

そして、当時の薩摩藩の事情を考えると、その間隔はさらに縮まる。

すでに述べたように、一月一七日には、西郷と小松は近いうちに鹿児島に帰ることになっていたが、二〇日になって急遽大久保帰国に変更される。その変更の理由が、幕府の処分案情報を得たことであるように思われるのである。

家老桂久武は「上京日記」の二〇日条において、

午前一〇時出勤、この日、大久保が帰国して当地の事情を言上すればどうだろうかと論じ合い、二一日出立を申し渡すことになった。

と書いている。つづいてさらに、

午後二時ごろに帰宅して昼食をとり、その後大久保家に行き、帰藩のことを伝えた、さらに、この晩（二〇日）に予定されていた木戸の送別会には体調不良で欠席する旨、大久保家で会った西郷に伝言を頼んだ。

と書いている。

また、桂は一月二一日付の島津《しまづ》求馬《きゅうま》・蓑田伝兵衛に宛てた手紙のなかで、長州処分問題を論じる幕府側の二条城会談は、老中たちが一九日に大坂から上京してきて、その夜のうちに再開されたが、

結論がすでに出た様子で、やがて奏聞されると聞いている、このような状況を大久保が帰って申し上げるので、詳しく聞いてほしい。

と記している。さらに、二条城会談再開後、尾張の老侯に呼び出し命令が出たり、肥後の国論が変化するなど、いろいろ状況が変わってきたので、西郷と小松は帰国できにくくなった。そこで、

二人の帰国はしばらく見合わせ、その代わり大久保が帰国して、こちらの状況を申し上げれば殿様もご安心されるのではなかろうかと話し合った。

と記している。

このようにして、一九日の夜に幕府の長州処分案が出たことが、大久保への変更の理由であると推察される。そして、二〇日の午前一〇時から薩摩藩邸で会議が行われ、大久保への変更が承認されたのであった。

したがって、この会議以前か会議中に処分案情報がもたらされたと推察される。だが、すぐには木戸に伝えられなかった。

桂の日記では、二〇日の二時ごろ帰宅して昼食をとったあと、大久保家に行き、木戸の送別会には欠席するとの小松宛て伝言をそこにいた西郷に頼んでいる。これが何時ごろなのかはわからない（四時前後だろうか）が、その段階では、木戸の送別会は中止になっていない。つまり、西郷はそのことを桂に伝えていない。木戸に伝えられたのは、そのあとのことで、多分二〇日の夕方のことであろう。

これは以下のように説明できる。処分案情報が得られたことにより、帰国問題を再検討する必要が出てきたし、大久保への変更が決まったあとも、木戸との会談での薩摩藩の対処法を大久保と打ち合わせておく必要が新たに出てきたので、時間を要したのである。

他方、下関から龍馬に同道してきた長府藩士の三吉慎蔵の日記によれば、龍馬たちは一九日に京都伏見の寺田屋に泊まった。そして二〇日に龍馬は入京しているので、おそらく同日の午後、会談の行われていた小松邸に着き、木戸と会い、いろいろ語り合ったのである。これにも時間がかかるであろう。

このようにして、二〇日の夕方、薩摩側から幕府による長州処分案と大久保の帰藩が木戸に知らされ、改めて会談が再開されるに至ったという可能性は十分考えられるのである。

二〇日に開かれた薩摩藩邸での会議の前か会議中に処分案情報が薩摩側にもたらされ、それが当日の夕方に木戸に伝えられ、木戸と西郷たちとの会談が再開されたという可能性は、これまで述べてきたところから否定できない。だが、その際入手された情報は、幕府の確定的処分案情報であって、勅許の内容ではない。最終的な勅許の処分内容に基づいて会談が行われたのではないのである。幕府による処分案が勅許されない可能性も考えられるのに、なぜ彼らは幕府による処分案で会談を再開させたのであろうか。

これに対して、以下のように応えることができる。

それは、勅許を待たずとも、幕府の案がそのまま裁決されることは確実と思われていたからである。というのは、すでに前例があったのである。前年の慶応元年（一八六五）九月に、幕府内の慎重意見や、大久保をはじめ多くの反対意見があったにもかかわらず、幕府の長州征討案は九月二一日に勅許されてしまった。慶喜の強引かつ高圧的な態度に朝廷側がやすやすと屈し、勅許されたのであった。幕府のやり方と朝廷の情けなさを骨身にしみて知った薩摩であったから、今度も必ずそうなると思ったのであろう。

以上を踏まえていえば、処分案情報説はまったく合理的で辻褄《つじつま》も合い、明らかに会談再開を説明しうる有力な仮説なのである。

**薩長会談再開の立役者は誰か**

会談再開のきっかけとして、今まで取り上げてきた四つの説は、いずれも明確な史料的根拠があるわけではないので、あくまで推測であり仮説である。よって問題は、どれがもっとも説得力があり、蓋然性が高いかである。

このなかでは、当時の政治的状況からみて、処分案情報説がもっとも説得力があるように思われる。西郷と木戸との交渉は、長州処分問題の推移を見きわめつつ具体化されていったという説はきわめて信憑性が高く、この説は明らかに処分案情報説を擁護するように思えるのである。

次いで説得力があるのは、龍馬の会談同席説であろう。そのあとの会談に龍馬が同席したという事実は重く、とくに木戸が龍馬の登場を待っていたと思われるからである。しかしながら、龍馬が同席していなくても会談は可能であり、実際、龍馬が登場するまでは会談は龍馬不在で行われていた。そして、その状況で幕府の処分案が確定していたら、その段階で盟約が締結される可能性もあったのである。このように、龍馬同席を会談成立のための必要条件にするという考えは、あまり説得力がない。

これら二つの仮説に比べると、龍馬周旋説と西郷呼びかけ説は、ともに特定の個人の感情に訴える考え方であり、論者の個人的思い入れに基づく主張である可能性が高く、客観性もなくて説得力に乏しいのである。

このように、会談再開説としては、処分案情報説がもっとも可能性が高いと思われる。

では、会談再開をもたらしたのは誰だろうか。

四つの会談再開説では、処分案情報説がもっとも妥当な仮説であるということになった。すると、処分案情報をもたらした人物がもっとも貢献度が高いということになる。そして、木戸と龍馬については、その可能性は認められない。では、西郷についてはどうだろうか。

西郷の働きで処分案情報がもたらされたという史料的根拠はないようである。だがこの当時、西郷が近衛家に長州処分の件で働きかけていたという史料は存在する。すでに紹介したように、『吉川経幹周旋記（四）』に収められた岩国藩士の井上徳之助と長谷太郎の報告書によれば、処分に関する勅許が出される前に、西郷と小松は近衛家に参上して、寛大な処分の勅許が出されるよう尽力してくれと働きかけていたのである。

であれば、西郷が、幕府の処分案がどのような内容になったかを教えてくれるよう近衛家に働きかけてもおかしくはない。西郷の働きかけで処分案の情報が得られた可能性は、たしかにある。

このように、巷間いわれているように、龍馬のおかげで会談が再開されたのではなく、しいていえば、西郷の働きで再開された可能性があるのである。

# 薩長盟約締結の立役者は誰か

## 薩長会談の経緯

次に、二つ目の課題、薩長盟約締結の立役者は誰かという問題を、候補者を西郷隆盛、木戸孝允《きどたかよし》、それに坂本龍馬の三人に絞って考察してみよう。なお、以下とくに断らないかぎり、会談とは「再開後の会談」を意味するものとする。

この会談がどのようにはじまったのか明らかではないが、しばらくして西郷と木戸が対立状態になった。その状況が『吉川経幹《きつかわつねまさ》周旋記（四）』に収められた「井上徳之助と長谷太郎報告書」と「塩谷鼎助《しおのやていすけ》報告書」の二つからわかることは、すでに述べておいた。

この二つは同趣旨の報告書である。つまり、西郷はこの段階では長州の冤罪を認めておらず、幕府が下した処分案は当然のことと思っており、それをいちおう木戸に受け入れさせ、その後、改めて朝廷に対して、処分停止・撤回の嘆願を長州側と一緒に行えばいいだろうと考えていた。

だが、それに対して木戸は、昨年の三家老の首級提出で処分はすでに完了しているのだから、これ以上の処分はいっさい受けないと拒絶する、という状況であった。

この対立状態が六か条の同意へと移行したのには、どのような契機があったのか。これについては、木戸の追及に西郷側が折れて盟約が成ったというのが通説である。その史料的根拠とされるのが、同じく『吉川経幹周旋記（四）』に収められた吉川家臣山田右門の岩国宛ての報告書である。

山田は、山口に帰ってきた木戸および木戸に同行してきた黒田清隆の両人と二月五日に会談し、それを岩国に知らせたのである。それによれば、木戸は山田に次のように語ったという。

［山田報告書］

木戸が、今少し薩摩は長州のために周旋活動をしてくれてもいいのに、それがないのはどうしたことかと問い詰めると、薩摩側は、このことはごくごく内密のことで洩らすつもりはなかったのであるが、木戸に押し詰められて仕方なく洩らすのであるとしたうえで、

①じつは薩摩は幕府の勢いにはとうてい及ばない。

②このままでは幕長戦争になるだろう。
③だが戦争になっても、半年や一年で終わることはないだろう。
④戦争になったら、そのとき薩摩の言も行われるだろう。

と答えた。

ところで、①はどういう意味だろうか。

それについては、山田が同じ報告書のなかで黒田から聞いた話として、「なにぶん一会桑の勢力が強くて薩摩の力も及ばず、ただ今ではなんの方便もない」と記していることが参考になる。つまり薩摩はなにかをしたいのであるが、幕府側勢力である一会桑の勢力が薩摩より強くて、薩摩としてはとるべき手段がないといっているのである。薩摩がしたいこととは、朝廷に対する周旋活動のことである。

かねて西郷と小松帯刀《こまつたてわき》が長州処分を寛大にと朝廷に働きかけていたが、一会桑の勢力に邪魔されて、彼らの周旋活動は実を結んでいない。だから木戸は、今少し薩摩は長州のために周旋活動をしてくれと言ったのである。

会談は幕府の処分案に基づいて行われている。それは想像以上に厳しい内容であった。当然、長州は拒否するので、このままでは幕府と長州の戦争になるだろう。これが、②の意味するところである。③は、盟約六か条のなかの第三条に出てくる文言である。

そして、幕長戦争になった場合、勝戦、敗戦どちらにしても、「薩摩の言も行われるだろう」と言っているのが④である。これは盟約第二条と第三条に対応すると思われる。したがって「薩摩の言」とは、「戦争になった場合、薩摩は長州の冤罪を晴らすための朝廷工作を行う」という発言のことであると解せられる。④は明確に、薩摩は長州のためにさらなる朝廷に対する周旋活動を行うということを述べている。

木戸のさらなる周旋の要求に対して、西郷（薩摩側）が洩らしてしまったのは、六か条のうちの二番目と三番目である。西郷の言をきっかけに、さらに詳細な議論へと進み、最終的な形になったものを、木戸が記憶に基づいてまとめたものが六か条であると思われる。これは木戸のまとめであるが、龍馬の保障があるから、それ自体間違いではないだろう。

したがって、会談の経緯は以下のようになるだろう。

会談がはじまってから、西郷は処分案をいちおう受け入れてくれと迫るのに対して、木戸は断固拒否するという応酬状態がつづいた。このままでは埒《らち》が明かないと思ったのか、木戸は今までの周旋に感謝したうえで、さらなる周旋を求めた。それは冤罪を晴らすための天皇に対する工作の要請であった。西郷は木戸の熱意に負けて譲歩してしまい、仕方なく幕府と長州が戦争になったときに薩摩の行う朝廷工作を約束した。その後、話は六か条の盟約へと進んでいった。

## 六か条の性格

「自叙」にあるように、西郷から木戸に六か条が提示されることで盟約は締結された。では、六か条は薩摩にとって、どのような性格をもつものだったのであろうか。

西郷は「薩摩は長州のためにもっと尽力せよ」という木戸の激しい要求に負け、つい想定外のことを口走ってしまったのか。それとも西郷が示した六か条は、薩摩にとって想定内の約束だったのだろうか。

この問題については、青山氏の『明治維新と国家形成』と家近氏の『西郷隆盛と幕末維新の政局』においてすでに研究されているので、それを参考にして述べてみよう。

六か条はどうやら想定内のことだったようである。西郷と木戸との会談は、処分案を受諾するかどうかで暗礁に乗り上げた。ここに至って、薩摩側は新たな方策を模索せざるをえなくなった。

そもそも会談は当初、長州再征に対する態度を決めるために行われた。再征を避けることができれば、両藩にとって最善である。避けるための「第一の方策」としては、朝廷と幕府に再征計画を中止させることがもっとも望ましいが、実効があがっていない。そこで「第二の方策」として、長州に処分案を受諾させて再征の理由をなくすることが考えられたが、西郷の努力にもかかわらず、長州はどうしても受諾しなかった。

したがって、薩摩側としては、長州の処分案拒絶方針を受け容れ、同時に征長戦争への高まる危機に備えながら、次の方策を模索しなければならない。それは青山氏によれば、「本来なら処分を経た後に実現されるはずの毛利家の復権（当主父子の官位復旧）を一足とびに実現させ、徳川家側から見た長州再征の名分的な根拠を消滅させる」という方策、すなわち「第三の方策」である。

そして長州の復権を一足飛びに実現させるには、もはや「（孝明）天皇に対する直接の『周旋』」によるほかない。これは要するに、天皇自身に責任を取らせ、天皇の意思によって処分をごく寛大なものに修正させるということである。よって「第三の方策」は内容的にみて、「長州の処分案拒否を受け入れる」という［方策三(a)］と「天皇に翻意させ、処分を寛大なものに修正させる」という［方策三(b)］の二つからなる。

この［方策三(b)］についていえば、『吉川経幹周旋記（四）』での塩谷報告書によると、「主上（天皇）みずからが罪を引き受けることとは、かねて木戸も承知しているとのことで、薩摩藩の方針だ

## 薩摩側の方針

**第一の方策**

朝廷と幕府に再征計画を中止させる。

**第二の方策**

長州に処分案を受諾させ、再征の理由をなくする。

**第三の方策**

長州を復権させ、幕府側からみた
長州再征の根拠を消滅させる。

ⓐ 長州の処分案拒否を受け入れる。
ⓑ 天皇に翻意させ、処分を寛大なものに修正させる。

と理解している」とあり、天皇自身の反省によって処分を修正するというのが薩摩藩の方針であり、そのことは木戸も承知している、と理解していたことがわかる。会談において、西郷が木戸に明かしたのであろう。

ここで問題になるのは、天皇が簡単にこの「方策三(b)」を受け入れるだろうかということである。文久三年（一八六三）八月一八日のクーデターで、七卿と長州勢が京都から追放される際に最終的決断を下したのは天皇であり、長州再征および処分の勅許にも天皇の意思が働いていた。そのような長州に厳しい天皇の意思を覆《くつがえ》すのは、容易でないように思われる。

だが青山氏によれば、「西郷・大久保らにとって、天皇に翻意を迫ること自体は、不可能でもなければ、必ずしも難事でもな」かった。それまで、彼らは天皇家に勅書「案文」を提出し、そのとおりの勅書を出させることなどを実現していたからである。

また、文久三年のクーデター後、天皇は在京の諸大名に対して、クーデター前の勅書は偽勅であったと明言している。つまり、周りの者が天皇の意思を無視して勝手に勅書を出させることが可能な環境だったのである。したがって、たしかに［方策三(b)］の実行もありえたのである。

だが当時、天皇の周りは幕府側の一会桑勢力で囲まれており、彼らは［方策三(b)］を実現するのに妨げになることも予想された。その場合、一会桑態勢を兵力でもって突破することが必要になるかもしれない。「第三の方策」はその予想も盛り込んでおり、それは六か条中の第五条で「一会桑が邪魔するときは決戦に及ぶほかない」という形で述べられた。

西郷は、「第二の方策」でうまくいかないときは、ほかの方策の可能性も検討するが、適切な方策が見つからないときは、やむなく「第三の方策」を提示するとの考えで会談に臨んだのである。そして、「第三の方策」の具体案として出てきたのが六か条であった。このように、六か条は薩摩にとって、想定内の約束だったと思われる。

会談で、木戸の厳しい追及に、西郷は仕方なく薩摩側の「第三の方策」と、それに基づく六か条を、最終的には述べてしまったが、これらは天皇に反省を求めるという大胆なもののように思われる。これはもちろん、小松や大久保とも相談のうえで採用されたものである。だが、薩摩藩での最終的決定権をもつ国父久光の同意を得たものではない。当時、久光は遠い鹿児島にいたからである。それにもかかわらず西郷が木戸に提示したということは、この六か条自体、久光の事後承認が得られるという見通しのもとに提示されたということになる。

すなわち、この六か条は薩摩藩の方針で、長州救済を内容とする方針がすでにあったのである。その一端を、前年の慶応元年（一八六五）一〇月、西郷と大久保によって長州に派遣された龍馬が、長州藩重役に薩摩の意向として「長州征討の勅許を阻止するため薩摩側は尽力したが、力が及ばなかった。だが兵力で再度征討に対抗する」という方針を提示したことにみることができる。

こうしたことから家近氏もいわれるように、「六カ条は、大きく括れば、すべて前々からの薩摩藩の方針の延長線上に位置づけることが出来る」のであり「六カ条は、いずれも木戸の要求に押し切られて西郷ら（薩摩側）が初めて打ち出した画期的な方針とまでは見なせない。西郷らは、この範囲内ならば久光の指令にも背かず（事後承認も得られ）、かつ木戸（長州側）の顔も立つと判断して、六カ条の内容を伝えたと想像される」のである。

## 両藩の会談に対する考え方

木戸はあくまでも妥協せず、強硬な主張を貫いた。それに対して西郷は、譲歩することで長州有利の盟約を締結させた。この一方的とも思える状況を生み出した両藩の会談に対する考え方とは、どのようなものだったのだろうか。

木戸の場合は明らかである。井上・長の報告書にもあるように、長州としては、幕府による処分案はすべて拒否すること、薩摩側に対して長州の冤罪を晴らすための朝廷工作を要求することが方針であった。その背景には、正義が存するのは、幕府側ではなく長州のほうであるとの信念があった。会談が決裂すれば幕府との戦争になり、しかもおそらく敗れるであろう。だが、木戸は、正義のための戦争で長州が滅びることになってもかまわないと思っていた。それは「自叙」での木戸の言葉「薩摩が朝廷のために尽くすのであれば、長州が滅することになってもそれはまた天下の幸いである」から明らかである。

イデオロギーのためなら死も辞さないという観念的・理念的立場が、長州の特徴である。木戸は、このような藩の主張が通らなければ、藩の滅亡に連なる会談決裂もやむなし、という悲壮な覚悟で会談に臨んでいたのである。

それに対して西郷は、長州側の処分案受諾拒否と朝廷工作の要請の二つに関して、ともに譲歩して受け入れた。それはなるべく会談を成功させ、盟約締結に至りたかったからである。そこにみられる西郷の考えを推測すれば、以下のようなものであろう。

西郷は、幕府は長州を滅ぼしたあと、次は薩摩を滅ぼすことで衰えた幕威を回復しようとしていると予想していた。また、幕長戦争は内乱を誘発し、ひいては外国の介入を招く可能性もあるとみていた。これを避けるには、薩摩が長州と手を組むことで、幕長戦争を回避し（戦争になった場合は、最小限の損害で終わらせ）、幕威回復と外国の介入を阻止すべきであると考えていたのである。

また、勝海舟の影響により、西郷の基本的立場となった雄藩連合の思想にとっても、長州を救うことは当然なすべきことであった。西郷（薩摩）には僚友として長州が必要だったのであり、そのためには会談を成功裏に終わらせたいという気持ちが強かったのである。六か条は藩の方針にも沿うており、西郷としては提示せざるをえなかったといえよう。

だが同時に注意すべきは、西郷はなにがなんでも盟約締結に至らなければならないと考えていたのではない、ということである。彼としては、久光の了解が得られると思われる範囲のことしか決定することはできなかった。薩長盟約にしてもそうである。

したがって、とても久光の了解を得られないと思われるような内容を木戸が要求してきたら、西郷は拒否せざるをえなかったのである。彼は、「盟約締結のために最善の努力をするが、最悪の場合、会談が決裂するようなことになってもやむをえない」という態度で会談に臨んでいたのであった。

## 会談の進行段階

会談の経過がうかがえる史料として、井上・長、塩谷、それに山田の報告書の三つを紹介したが、この三つからわかることは、西郷と木戸は処分案受諾をめぐって対立していたということ、木戸の執拗な追及に負けて西郷が六か条の一部を洩らしてしまったということの二つである。史料的にはこの二つのことしかわからない。我われは、この二つから会談の経緯を推測するほかない。そして、山田報告書での、木戸が西郷に対して要請した「さらなる周旋」がどの段階で行われたかによって、会談の経緯は二通りに分けることができる。

まず考えられるのは、次のケースである。

処分案受諾をめぐる西郷と木戸との対立は、西郷が木戸の「長州は冤罪である」という言い分を認めて解消したが、これだけで木戸の気持ちが収まるはずがなく、つづいて冤罪を晴らすための努力を薩摩がしてくれるかどうかに話が移った。

薩摩がそれを引き受けることは大きな負担になるので西郷は躊躇《ちゅうちょ》したが、木戸は、この周旋はあってしかるべきなのに、ないというのはどうしたことかと西郷に詰め寄り、さらなる周旋を求めた。そして、木戸の執拗な追及に西郷が折れて六か条の第二条と三条を洩らし、最終的に六か条の提示となった。

これは処分案受諾をめぐる対立が解消されたあと、木戸がさらなる周旋を求めたという場合であり、これを「ケース一」と呼ぶことにしよう。この場合、会談の段階は以下の二つに分けて考えることができる。

［段階一］
(1) 西郷は木戸に処分案の受諾を求めたが、木戸はそれを拒否した。
(2) この衝突では結局、なんらかの理由により、西郷が折れて木戸の言い分を認めた。

［段階二］
(3) 木戸はさらに長州の冤罪を晴らすための朝廷工作（さらなる周旋）を西郷に求めた。
(4) 木戸の要求に西郷は押し切られ、最終的に朝廷工作を内容とする盟約が締結された。

次に考えられるのは、以下のケースである。

処分案の受諾をめぐって西郷と木戸が対立しているときに、このままでは冤罪を晴らすための工作をするという、もっとも重要な約束を薩摩側にさせることができないとあせった木戸が、冤罪を晴らすための朝廷工作（さらなる周旋）をしてくれと直接西郷に迫り、最終的に西郷がそれを受け入れて六か条が提示された。

これは処分案受諾をめぐって二人が対立しているという状態のときに、木戸がさらなる周旋を求めたという場合であり、これを「ケース二」と呼ぶことにしよう。もちろん、まだ対立状態がつづいているというときに、それを解消せずにいきなり朝廷工作をしてくれるよう迫るというのは、現実的に考えて可能性は低いと思われるが、まったくありえないというものでもないので、いちおう考察の対象にする。

以下において、西郷、木戸、それに龍馬三人の貢献度を「ケース一」と「ケース二」に分けて考察する。さらに、「ケース二」は「段階一」と「段階二」に分けて考察する。

### 貢献性の判定基準

まず述べておくべきは、「どのようなことが示されたら、貢献したと主張できるのか」という

## 薩摩側の方針

**第一の方策**

朝廷と幕府に再征計画を中止させる。

**第二の方策**

長州に処分案を受諾させ、再征の理由をなくする。

**第三の方策**

長州を復権させ、幕府側からみた
長州再征の根拠を消滅させる。

ⓐ 長州の処分案拒否を受け入れる。
ⓑ 天皇に翻意させ、処分を寛大なものに修正させる。

**ケース一**

処分案受諾をめぐる対立が解消されたあと、
木戸がさらなる周旋を求めた。

**段階一**

(1) 西郷は木戸に処分案の受諾を求めたが、
木戸は拒否した。
(2) 西郷が折れて、木戸の言い分を認めた。

**段階二**

(3) 木戸がさらに長州の冤罪を晴らすための
朝廷工作（さらなる周旋）を西郷に求めた。
(4) 木戸の要求に西郷が押し切られ、最終的に
朝廷工作を内容とする盟約が締結された。

**ケース二**

処分案受諾をめぐって二人が対立しているという状態のとき、
木戸がさらなる周旋を求めた。

問題、すなわち、貢献性の判定基準の問題である。

たとえば、

A「風が吹いた」という事実が先に確認され、次に、

B「桶屋が儲かった」という事実が確認されたとすると、

「風が吹いたおかげで桶屋が儲かった」(BにAが貢献した)といいたくなるかもしれない。しかし、AとBのあいだに貢献関係が存在するということは、この二つの事実の確認だけではもちろんわからない。ある関係がこの二つの事実のあいだに存在する時にかぎって、それらのあいだに貢献性が認められるのである。それはどのような関係であるか。

ところで、「AのおかげでBが成った」という貢献関係は、論理的には「Aが原因でBが生じた」という因果関係だと見なしうる。よって、貢献性の判定基準を、因果性のそれに求めることができる。

しかるに因果関係の成立如何を重要課題とする現代刑法学では、基本的な因果性判定基準として、《AとBが確認できる場合、裏命題「AでなければBでない」が示されたならば、「Aが原因

でBが生じた」が示されたことになる》が採用されている（前田雅英『刑法総論講義』その他）。裏命題とは、「AならばB」からつくられる「AでなければBでない」という命題のことである。

よって一般的に認められている貢献性の判定基準を裏命題概念を用いて定式化すれば、以下のように述べることができる。

AとBが確認できる場合、

裏命題「AでなければBでない」が示されたなら、

「Bが成立するのにAが貢献した」（AのおかげでBが成立した）が示されたことになる。

たしかに、「風が吹かなかったなら、桶屋は儲からなかった」（AでなければBでない）がいえるなら「風が吹いたおかげで（風が吹いたからこそ）桶屋が儲かった」（Bが成立するのにAが貢献した、AのおかげでBが成立した）といえるだろう。

こうしたことから、「AのおかげでBが成ったか」（龍馬の働きがあったおかげで薩長盟約が成ったか）を調べるには、龍馬の働きがあったことと薩長盟約が成ったことの二つは史実と認めてよいから、裏命題「AでなければBでない」（龍馬の働きがなければ薩長盟約は成らなかった）

が成立するかどうかを調べればよいのである。

この判定基準は、第四章でも、盟約の果たした役割を論じる際に暗黙のうちに使用されるものであるが、ここではそれを定式化し、厳密なやり方で適用しようというわけである。

ところで、貢献性の判定基準は満たさないが、それでも「貢献した」といわれる場合もありそうである。たとえば、夫と妻が一〇〇〇万円ずつ出し合って家を入手した場合、「二人が一〇〇〇万円ずつ出したおかげで家を入手できた」ということで、明らかに二人は家入手のため同等の貢献をしたと考えられる。

だが、夫がなんらかの都合でお金を出せなくなった場合、家を入手できなくなるかといえば必ずしもそうではない。妻が実家の親に頼み込んで一〇〇〇万円を出してもらうとか、そのほかの方法で入手できる可能性もあるからである。つまり、一〇〇〇万円出した夫に家入手の貢献があるのはたしかだが、「夫が一〇〇〇万円出さなければ家を入手できなかった」という裏命題は成立しないため、判定基準による貢献は認められないのである。妻が都合でお金を出せなくなった場合も同様である。これは貢献といっても程度の違いがあるということを意味する。

判定基準を満たす場合の貢献が「完全なる、全体的貢献」であるとすれば、判定基準を満たさない貢献は「不完全なる、部分的貢献」であるといってよい。

以下、貢献性の判定基準に基づいて、薩長盟約での三人の貢献度を調べてみよう。そして、そこで貢献が認められなかった場合でも、彼らの貢献自体はたしかなので、その貢献は不完全で、部分的なものであったということになる。

### 「ケース一」における坂本龍馬の貢献

まず、「ケース一」における龍馬の貢献度から取り上げる。

木戸は六か条の記された一月二三日付龍馬宛ての手紙のなかで、龍馬の上京中、おかげさまで「私の大切な思いを西郷・小松の両氏に十分貫き通すことができました」と、感謝の言葉を書き記している。

この場合、木戸の思いとは、幕府による長州処分は冤罪であるので断固拒否するという思いと、薩摩に朝廷工作を約束させせたいという思いの二つであると解せられる。したがって、龍馬は前述「ケース一」での［段階一］において、処分案拒否を後押しする発言をして木戸に感謝された、あるいは［段階二］において、朝廷工作を後押しする発言をして木戸に感謝された、の二つの場合の少なくとも一つが成立する。はたして木戸が感謝した龍馬の発言は、「貢献」と見なされるべきものであろうか。次に、それぞれの場合を検討してみる。

## ［段階二］における龍馬の貢献はあるか

ここで改めて、再開後の会談の模様を推測すれば、以下のようになる。

処分案の情報がもたらされたことから、会談ははじまった。そのうち処分案の受諾をめぐって西郷と木戸は対立するに至った。この衝突がしばらくつづき、やがて西郷は木戸に処分案の受諾を勧めることで問題の解決を図るという「第二の方策」で対処することを断念して、長州側が処分案を受諾しないときは朝廷工作、すなわち天皇自身に翻意を迫るという「第三の方策」を提示することを考えはじめる。そこで、同席していた龍馬に意見を求めた。状況を打開する意見を期待したからである。

龍馬は、木戸の「処分案は受け入れない」という考えに同調する発言をした。西郷は、木戸と龍馬の主張に鑑み、長州の処分案拒否を受け入れるという［方策三(a)］を採用して、彼らの意見を受け入れることにした。これが、龍馬は木戸の処分案拒否を後押しする発言をしたという仮定が成立する、［段階二］の予想される状況である。木戸は、龍馬が発言したあとに西郷が処分案拒否という自分の主張を受け入れてくれたことで、のちに龍馬宛て手紙で「あなたのおかげで私は自分の思いを貫き通すことができた」と感謝の言葉を書いた。

以上を踏まえて、この［段階二］で「龍馬の発言があったおかげで、西郷は長州の処分案拒否

## 薩摩側の方針

### 第一の方策

朝廷と幕府に再征計画を中止させる。

### 第二の方策

長州に処分案を受諾させ、再征の理由をなくする。

### 第三の方策

長州を復権させ、幕府側からみた
長州再征の根拠を消滅させる。

ⓐ 長州の処分案拒否を受け入れる。
ⓑ 天皇に翻意させ、処分を寛大なものに修正させる。

### ケース一

処分案受諾をめぐる対立が解消されたあと、
木戸がさらなる周旋を求めた。

**段階一**
(1) 西郷は木戸に処分案の受諾を求めたが、
木戸は拒否した。
(2) 西郷が折れて、木戸の言い分を認めた。

**段階二**
(3) 木戸がさらに長州の冤罪を晴らすための
朝廷工作（さらなる周旋）を西郷に求めた。
(4) 木戸の要求に西郷が押し切られ、最終的に
朝廷工作を内容とする盟約が締結された。

### ケース二

処分案受諾をめぐって二人が対立しているという状態のとき、
木戸がさらなる周旋を求めた。

を受け入れた」という龍馬の貢献が認められるかどうかを検討してみる。

まず指摘しておくべきは、「龍馬の発言があった」と「西郷は長州の処分案拒否を受け入れた」の二つは成立するということである。なぜなら、［段階一］とは、この二つが成立すると仮定された段階であったからである。よって［段階一］での龍馬の貢献があったかどうかを調べるには、貢献性の判定基準により、裏命題「龍馬の発言がなければ、西郷は長州の処分案拒否を受け入れなかった」が成立するか否かを調べればよい。

それについては、すでに述べたように、薩摩側は、「第二の方策」で最大限努力してもうまくいかないときは、「第三の方策」に移るという（薩摩藩の）方針でいくつもりだったということを忘れてはならない。西郷は処分案受諾を木戸に勧めたが、どうしても木戸は受け入れなかった。そこで彼は「第三の方策」（正確には、［方策三(a)］）でいくことにして、長州側の出方をみることにした。このようにみてくると、［段階一］で木戸が処分案の受諾をどうしても拒否した場合、西郷は龍馬の発（助）言のあるなしにかかわらず、長州の処分案拒否を受け入れるつもりでいたのである。つまり、龍馬の発言がなくても、西郷は木戸の主張を認めたものと考えられる。このようにして、先の裏命題は成立しないのであり、龍馬の貢献があったと主張することはできない。

また、［段階二］での龍馬の発言内容からみればどうだろうか。

木戸は、「三家老の首級提出などですでに処分はすんでいる」という理由から、さらなる処分は受諾できないと主張した。龍馬も木戸に同調する発言をしたとき、当然、長州藩の内情にかかわる理由をあげたはずであるが、木戸のあげた理由以上に説得力のある理由をあげることができただろうか。常識的にみて、長州藩外の彼が、木戸以上に説得力のある理由をあげることができたとは思えない。長州藩の事情は、やはり当事者がいちばん知っていると思われるからである。

つまり、西郷は、木戸のあげた理由に基づく処分案拒否は認めなかったが、龍馬のあげた理由に基づく処分案拒否は受け入れたという可能性はありえず、よって龍馬の発言のおかげで西郷が木戸の言い分を認めたのだということは考えられないのである。この点からみても、［段階一］での龍馬の貢献があったとはいえないのである。

［段階二］における龍馬の貢献はあるか

だが、処分案拒否の受諾だけでは木戸は満足せず、それ以上のことを西郷に求めた。西郷はそれに応えて、「第三の方策」に基づいて六か条のうちの第二条と第三条を洩らし、さらに残りも提示して、最終的に盟約六か条となった。これが予想される［段階二］の状況である。

ところで山田報告書によれば、「木戸がさらなる周旋を西郷に迫ると」、西郷が追い込まれて

「仕方なく」第二条と第三条を洩らしたのだということであった。これらを引き出したのは木戸だったと書いてあり、そこに龍馬の名前はない。

したがって、［段階二］での「西郷（薩摩）の朝廷工作を後押しする」という龍馬の発言は、第二条と第三条が洩らされてからあとの段階においてであったということになる。よって、その龍馬の発言のおかげで、残りの四つの項目（第一条、第四条、第五条、それに第六条）が提示されたのかが検討課題である。

さて、［段階一］の場合と同様に、ここでも指摘しておくべきは、［方策三(b)］の採用に基づいて第二条と第三条が提示され、そのあとに「龍馬の発言があった」と「西郷は四つの項目を提示した」の二つが成立するということである。

よって［段階二］の龍馬の貢献を調べるには、（第二条と第三条が提示されたあとという条件のもと）貢献性の判定基準により、裏命題「龍馬の発言がなければ、西郷は四つの項目を提示しなかった（よってまた、最終的に盟約は締結されなかった）」が成立するかどうかを調べればよい。

まず、六か条の内容面からアプローチしてみる。六か条の第一条は「幕長戦争となった場合、薩摩は鹿児島から兵を上京させる」という内容であるが、変事の際は御所警護のために兵を上京させるというのは、斉彬《なりあきら》のころからの藩の方針であった。したがって、第一条は龍馬の発言の有無とは無関係に、幕長戦争間近という状況では当然提示されるであろう。

この段階では、西郷はすでに第二条「幕長戦争で長州勝利の気配があるとき、薩摩は朝廷工作をする」と、第三条「長州の敗色濃厚のときも薩摩は朝廷工作をする」を提示して、勝敗とは無関係に長州にとってはもっとも大事な「冤罪を晴らすための朝廷工作をする」ということを約束している。よって第四条「幕府軍が江戸に帰ったときは、薩摩は朝廷工作をする」も提示する可能性が高い。

また、［方策三(b)］の採用を決断した際、一会桑が朝廷工作を邪魔した場合、決戦してでも工作を行うということは含意されていただろう。一会桑が邪魔するときは、例外的に朝廷工作を行いませんとは言えないからである。したがって、第五条「幕府の一会桑勢力が朝廷工作を邪魔するときは、決戦のほかない」も提示されるだろう。

第六条は「朝廷工作が成功して長州の冤罪が晴れた暁には、薩長両藩は協力して国家のために尽くそう」という内容である。これも龍馬の発言とは無関係な、両藩がめざすべき目標であるから、当然、提示されるであろう。

このように、第二条と第三条を西郷が認めた以上、残り四つの項目を認めることはきわめて自然な流れであり、木戸としてもそれらを承認させることは比較的容易であったと思われる。そこに龍馬の助けは不要なのである。

また、すでに西郷が「第三の方策」でいくことを決めた段階で、六か条をいずれ提示するつもりだったということも付加して考えると、先の裏命題は成立せず、［段階二］で龍馬の貢献があったとはいえないのである。また、［段階一］での貢献も示されなかったので、「ケース一」で彼の貢献があったとはいえないのである。

### 「ケース二」における木戸孝允の貢献

次に、木戸の貢献度を考えてみよう。まず、「ケース一」の場合を検討する。

#### ［段階一］における木戸の貢献はあるか

木戸は処分案を拒否しつづけたが、結局西郷が木戸の言い分を認めて対立は解消されたというのが、［段階二］の予想される状況である。したがって、ここでも「木戸は処分案を拒否しつづけた」と「対立は解消された」の二つは成立する。よって貢献性の判定基準により、裏命題「木戸が処分案を拒否しつづけなければ、対立は解消されなかった」が成立すれば、木戸が処分案を拒否しつづけたから対立は解消されたことになり、木戸の貢献は明白となる。

そこで、木戸が処分案を拒否しつづけなかったと仮定してみる。これは、ある時点で木戸が処分案を受け入れたということであり、それは対立の解消を意味する。よって裏命題は成立しない。よってまた、［段階一］で木戸の貢献があったと主張することはできない。

### ［段階二］における木戸の貢献はあるか

木戸がさらなる周旋を西郷に迫り、仕方なく西郷が六か条の第二条と第三条を提示し、最終的に盟約が締結されたというのが、［段階二］の予想される状況である。したがって、「木戸がさらなる周旋を西郷に迫った」と「最終的に盟約は締結された」の二つが成立する。よって、裏命題「木戸がさらなる周旋を西郷に迫らなければ、最終的に盟約は締結されなかった」が成立するかどうかを調べればよい。

そこで、木戸はさらなる周旋を西郷に迫らなかったと仮定してみる。もちろん、木戸の最終目標は冤罪を晴らすことだったので、薩摩にさらなる周旋を迫らないということは、ほかの藩に朝廷工作を期待するか、薩摩藩に朝廷工作以外の方法を期待するということである。

よって、西郷にさらなる周旋を迫らない［段階二］とは、冤罪を晴らすために期待しうるほかの藩やほかの方法のことで、西郷と木戸とが話し合いをしたという状況である。だが、実際問題として、ほかの有力な藩や有効な方法が簡単に見つかるはずもなく、沈滞状態に陥ることは必至である。

そのような場合、会談を成功させたい西郷としては、すでに［段階一］で「第三の方策」（正確には、［方策三(a)］）を採用しているので、木戸からさらなる周旋の求めがなくても彼の意をくんで、西郷から第二条と第三条を提示するということも考えられる。一方、ほかに方途がない木戸としては、第二条と第三条の提示を受け入れざるをえないのではなかろうか。

要するに、たとえ木戸がさらなる周旋を西郷に迫らなくても、西郷が第二条と第三条を提示し、最終的に盟約は締結されたという可能性があるのである。よってまた、裏命題は必ずしも成立せず、［段階二］において木戸の貢献があったとはいえない。このようにして、［段階一］と［段階二］における木戸の貢献は主張できず、したがって「ケース一」で木戸の貢献があったとはいえないのである。

### 「ケース二」における西郷隆盛の貢献

最後に、「ケース一」での西郷の場合を考察する。

[段階一] における西郷の貢献はあるか

処分案受諾をめぐる西郷と木戸との対立は、結局西郷が折れて対立が解消された。これが[段階一]であるから、[段階一]では「西郷が折れた」と「対立は解消された」の二つが成立する。よって裏命題「西郷が折れなかったなら、対立は解消されなかった」が成立するかどうかを調べればよい。

西郷は折れなかったと仮定してみる。これはあくまで処分案受諾を木戸に勧めたということであるから、対立がつづくということであり、解消されないということである。よって裏命題は成立するので、[段階一]での西郷の貢献は明らかである。

[段階二] における西郷の貢献はあるか

改めていえば、[段階二]は、西郷は木戸のさらなる周旋の求めに抗しきれずに、仕方なく第二条と第三条を提示し、最終的に盟約が締結されたという状況であったから、ここでは「西郷は木戸のさらなる周旋の求めに抗しきれなかった」と「最終的に盟約が締結された」の二つが成立する。よって裏命題「西郷が木戸のさらなる周旋の求めに抵抗しつづけていたら、最終的に盟約は締結されなかった」が成立するかどうかを調べればよい。

ところで、［段階二］では、すでに西郷は木戸の処分案拒否の主張を受け入れているので、［方策三(a)］は採用されている。よって［段階二］で、西郷がさらなる周旋の求めに抵抗しつづけるということは、［方策三(a)］は採用しても、それ以上の［方策三(b)］は採用しないということである。よって当然、第二条と第三条を提示するつもりもないことになる。これは、盟約は締結されないということである。このようにして裏命題は成立し、［段階二］での西郷の貢献は認められるように思われる。

したがって、「ケース一」での西郷の貢献は否定できないであろう。

## 「ケース二」における龍馬、木戸および西郷の貢献

さて、「ケース二」とは、まだ処分案受諾をめぐる対立がつづいているときに、木戸のさらなる周旋の求めに応じて、西郷が「第三の方策」を採用する決断をしたという場合である。そして、いったん決断をした以上、六か条の提示まではある程度必然的な流れであるといってよい。

したがって、「ケース二」でもっとも重要なことは、西郷が「第三の方策」でいく決断をしたということである。そのとき、三人は貢献したのであろうか。

## 薩摩側の方針

**第一の方策**

朝廷と幕府に再征計画を中止させる。

**第二の方策**

長州に処分案を受諾させ、再征の理由をなくする。

**第三の方策**

長州を復権させ、幕府側からみた
長州再征の根拠を消滅させる。

ⓐ 長州の処分案拒否を受け入れる。
ⓑ 天皇に翻意させ、処分を寛大なものに修正させる。

**ケース一**

処分案受諾をめぐる対立が解消されたあと、
木戸がさらなる周旋を求めた。

**段階一**

(1) 西郷は木戸に処分案の受諾を求めたが、
木戸は拒否した。
(2) 西郷が折れて、木戸の言い分を認めた。

**段階二**

(3) 木戸がさらに長州の冤罪を晴らすための
朝廷工作（さらなる周旋）を西郷に求めた。
(4) 木戸の要求に西郷が押し切られ、最終的に
朝廷工作を内容とする盟約が締結された。

**ケース二**

処分案受諾をめぐって二人が対立しているという状態のとき、
木戸がさらなる周旋を求めた。

### 龍馬の貢献

龍馬の場合、「ケース二」では、龍馬の発言が、西郷の「第三の方策」の採用に貢献したかを考えねばならない。これまでと同じ論法により、「龍馬の発言があった」と「西郷は第三の方策を採用した」の二つが成立する。よって裏命題「龍馬の発言がなければ、西郷は第三の方策を採用しなかった」が成立するかどうかを調べてみる。

そこで、龍馬の発言はなかったと仮定する。だが、彼の発言の有無にかかわらず、木戸の処分案拒否の姿勢は不変であろうから、対立は解消されないであろう。対立が解消されなければ、「第二の方策」でいくことは断念せざるをえず、西郷は「第三の方策」を採用することになる。つまり、龍馬が発言しなくても、西郷は「第三の方策」を採用するであろう。このようにして、裏命題は成立しない。よって、「ケース二」での龍馬の貢献を主張することはできない。

### 木戸の貢献

木戸の場合、「ケース二」では、処分案受諾をめぐる問題が未解決の状態で、木戸が西郷に対してさらなる周旋を求め、つまり冤罪を晴らすための朝廷工作を求め、それに西郷が応じて「第三の方策」でいく決断をしたのであった。では、この求めがあったから、西郷は「第三の方策」

を採用したのであろうか。

このケースでは、「木戸のさらなる周旋の求めがあった」と「西郷は第三の方策を採用した」の二つが成立する。よって、このケースで裏命題「木戸のさらなる周旋の求めがなければ、西郷は第三の方策を採用しなかった」が成立するかどうかを調べてみる。

木戸はさらなる周旋を求めなかったと仮定する。ところで、「ケース二」は、［段階二］に「処分案受諾をめぐる問題が未解決」という状況が加わったものである。よって右の仮定は、処分案受諾をめぐる問題が未解決の状況で、木戸と西郷が冤罪を晴らすための方策として、他藩の朝廷工作と薩摩藩によるほかの方法の可能性について論じているという場合である。だが、この場合は前記の［段階二］と同様に考えることができる。

つまり、長州は処分案を受諾しないのであるから、西郷は「第二の方策」を放棄して「第三の方策」を採用せざるをえない。これは裏命題が必ずしも成立しないということである。

このようにして、「ケース二」での木戸の貢献を主張することはできない。

## 西郷の貢献

では、西郷自身の貢献はあるのであろうか。「ケース二」では、西郷のしたことは、木戸に処分案の受諾を勧めたということであった。では、そのことが西郷の「第三の方策」の採用に貢献したであろうか。

明らかに「ケース二」では、「西郷は木戸に処分案の受諾を勧めた」と「西郷は第三の方策を採用した」の二つが成立する。よって裏命題「西郷が木戸に処分案の受諾を勧めなければ、彼は第三の方策を採用しなかった」が成立するかどうかを調べてみよう。

ところで、「第二の方策」と「第三の方策」の関係でいえば、「第二の方策」に添う努力をするが、それが実行不可能だと判明すれば、「第三の方策」を採用することが薩摩藩では決められていた。しかるに、「第二の方策」とは「長州に処分を受諾させて再征の理由をなくする」という方策である。したがって、木戸に処分案の受諾を勧めたがどうしても成功しなかったということが、「第三の方策」を採用するための必要条件となる。

ここで、西郷は木戸に処分案の受諾を勧めなかったと仮定してみる。この場合、「木戸に処分案を受諾させる」という「第二の方策」に添う努力がなされておらず、「第三の方策」を採用するための必要条件が満たされていない。よって、西郷が木戸に処分案受諾を勧めない場合、西郷は「第三の方策」を採用することができないのであり、先の裏命題は正しいことがわかる。

このようにして、「ケース二」での西郷の貢献は明らかである。

## 薩長盟約締結の立役者は誰か

今まで会談の経緯を「ケース一」と「ケース二」に分け、それぞれの場合における三人の貢献度を考察してきた。そして、その両ケースにおいて、貢献が認められるのは西郷だけであるとの結論に至った。

もちろん、木戸の貢献も明らかである。だが、それは部分的貢献であるにすぎない。

また龍馬についていえば、「龍馬の活動がなくても、『第二の方策でうまくいかないときは第三の方策でいく』という西郷（薩摩藩）の方針があるので、盟約は締結された」と考えられる。彼は西郷や木戸とは異なり、会談成立に不可欠な人物ではない。彼は単なる立会人、仲介人として部分的に貢献したのであり、本質的貢献はなかったとしなければならない。

以上により、薩長盟約締結の立役者は誰かと問われるならば、それは西郷であると答えざるをえない。

## 薩長盟約の立役者は誰か

すでに、第一節「薩長会談再開の立役者は誰か」で、薩長会談再開の立役者は、木戸孝允と坂本龍馬には可能性がなく、あるとすれば西郷隆盛だけであると述べておいた。そして第二節「薩長盟約締結の立役者は誰か」において、薩長盟約締結の立役者は西郷であると述べた。この二つの主張から、薩長盟約（全体）の立役者は西郷であると結論づけることができる。

**木戸孝允の回顧**

木戸は龍馬の働きについて、二通の手紙で感謝を示していたが、じつは西郷の貢献も書き残している。木戸は明治一〇年（一八七七）三月、直前に勃発した西南戦争に関する感想などを述べた手紙を書いており、そのなかに一二年前の薩長盟約締結時の西郷について書いたものが三通含まれていたのである。それを最後に紹介しておこう。西郷の貢献の言葉とは、

薩摩人のなかに西郷がいなければ、薩長和解の協力は絶対にむずかしく……〔長松幹宛て〕
当時西郷がいなければ、ほかの薩摩人では絶対にむずかしいことは……〔吉富簡一宛て〕
西郷がいてこそ私（木戸）も薩摩と協力し……〔岩倉具視宛て〕

の文言である。

木戸はこの年の五月二六日に死去しているので、これらの三通は死のわずか二か月前に書かれ

たものである。死を前にして、一二年前の京都で自分と渡り合った西郷を懐かしく思い出し、感傷的な気分で書いたのかもしれない。

ここで彼は、「薩摩人のなかに西郷がいなければ」とか「西郷がいなければ、ほかの薩摩人では」と書いている。つまり、薩摩側に西郷がいたからこそ盟約は成ったのだと述べている。

一方、長州には、薩摩の西郷、小松帯刀《こまつたてわき》、あるいは大久保利通《おおくぼとしみち》に匹敵できる人物は木戸しかおらず、そのことは木戸自身認識していたであろう。自負心の強い彼にとって、「長州に木戸がいなかったら盟約は成らなかった」という思いは当然あるのであり、そのうえで「薩摩人のなかに西郷がいなければ」と書いているのである。つまり、西郷と自分がいなかったら盟約は成らなかったと、当時を述懐しているのである。彼のおかれていた立場を考えると、感情的には、そのように言いたくなる気持ちはよく理解できる。

だが、西郷と木戸の二人を比較した場合、弱い立場の木戸に対して、強い立場の西郷が譲歩したからこそ盟約は締結されたのだ、といえるだろう。貢献度では西郷に軍配を上げざるをえないのである。

# 参考文献


・青山忠正「薩長盟約の成立とその背景」『歴史学研究』557、一九八六
・青山忠正『明治維新と国家形成』吉川弘文館、二〇〇〇
・家近良樹『西郷隆盛と幕末維新の政局』ミネルヴァ書房、二〇一一
・鹿児島県史料刊行委員会編『桂久武日記』鹿児島県立図書館、一九八五
・司馬遼太郎『竜馬がゆく』(『司馬遼太郎全集』〈五〉)文藝春秋、一九七二
・日本史籍協会編『吉川経幹周旋記』(四)東京大学出版会、一九七〇
・日本史籍協会編『木戸孝允文書』(七)東京大学出版会、一九八六
・前田雅英『刑法総論講義』東京大学出版会、一九八八
・三宅紹宣「薩長盟約の歴史的意義」『日本歴史』647、二〇〇二
・宮地佐一郎『中岡慎太郎』中公新書、一九九三

# 第四章——薩長盟約の果たした役割

# 第二次長州征討

**幕長戦争**

第一次長州征討は、長州藩に罪状を認めさせることで終了した。だが、徳川慶勝《とくがわよしかつ》や西郷隆盛が提案した処分内容（毛利《もうり》敬親《たかちか》父子の隠居と親族による家名相続、領地一〇万石の削減）は認められなかった。そこで新たに一橋慶喜《ひとつばしよしのぶ》は薩長盟約締結直後の慶応二年（一八六六）一月二二日、朝廷側の反対意見をはねのけて、長州藩主父子の朝敵の罪名を除く代わりに、一〇万石を没収するとの処分の勅許を下させることに成功する。長州が応じなければ開戦ということになる。

だが、長州藩の強硬論は変わらず、またそのことを薩摩藩が承認したため、妥協の余地はなくなり、開戦は避けられない状態になりつつあった。

五月二四日、幕府は長州藩主が幕命を受け入れなければ、六月五日をもって攻撃を開始する、と征長諸軍に伝えた。長州藩は応じなかったので、六月七日、幕府軍艦が周防大島（現、山口県大島郡周防大島町）を砲撃し、幕長戦争ははじまった。

長州藩を包囲する征長軍一五万は、兵五〇〇〇で対抗する長州へと四つの藩境から攻め込んだが、激戦の末、少数の長州兵が幕府の大軍を打ち破った。兵力数や西洋式兵器での圧倒的不利を士気の高さで補い、海軍総督高杉晋作の奇策や参謀大村益次郎の戦術に藩兵や奇兵隊その他の諸隊が応え、農民や一般庶民も協力することによって、幕府軍を藩外に押し返したのであった。

この戦争で小倉城を落として一気に戦局を有利に導いた風雲児高杉晋作は、戦いのさなか、持病の肺結核を悪化させ、翌慶応三年四月、二九歳の生涯を閉じた。

さて、幕府軍の敗走がつづくなかで、七月末には広島（芸州）、岡山、徳島、薩摩、それに鳥取の藩主が、戦争を終わらせるべきだとの建白書を朝廷に差し出した。

幕府の敗戦が決定的になった七月二〇日、将軍徳川家茂《とくがわいえもち》が大坂城内で病死する。和宮《かずのみや》との実質的結婚生活はわずか二年半、二一歳の死であった。当然、慶喜を次期将軍に推挙する声が高まったが、彼はこれを固辞して八月二〇日、徳川宗家を継ぐことだけを了承した。彼が一五代将軍に就いたのは、四か月半後の一二月五日のことである。

七月二八日に将軍名代として征長戦の先頭に立つことを宣言した慶喜に対して、八月八日、孝明天皇は「速やかに長州追討成功を報告せよ」との命令を下した。天皇は慶喜とともに長州を討つと宣言したのであり、慶喜もやる気満々であった。

ところが七月三〇日、征長軍の肥後藩や久留米藩などが幕府に無断で戦争をやめ、国元に帰ってしまう。この情報が届くや否や、慶喜はやる気をなくして出陣を中止し、これからは有力諸侯と話し合って長州問題その他の重要問題を処理していきたいと言い出した。

そして、慶喜は朝廷に休戦と解兵を申し入れ、九月二日、宮島で幕府側の勝海舟と長州側の広沢真臣《ひろさわさねおみ》とのあいだで休戦協定が成立した。だが、慶喜の突然の態度変節は幕府と朝廷の双方をパニックに陥れ、天皇が猛反発しただけではなく、関白の二条斉敬《にじょうなりゆき》と朝彦《あさひこ》親王が辞意を表明し、幕府側では一〇月一七日、松平容保《まつだいらかたもり》が京都守護職の辞職を申請するという有様であった。

長州征討を強く望む会津にとって、慶喜の変節は手ひどい裏切りであり、松平容保は激烈な批判の手紙を慶喜に送り付け、対決の姿勢を示した。それは、長州藩士の品川弥二郎《しながわやじろう》が日記で「会津人の慶喜を憎むことはじつにはなはだしく」と書くような状況であり、ここにおいて朝廷と一会桑による政権は崩壊し、さらに一会桑は一（慶喜）と会桑（会津・桑名）に分裂したのである。

この戦いでますます幕府の権威が失墜してしまった。他方、長州は休戦には持ち込んだが終戦になったわけではなく、冤罪も晴れなかった。

前年の慶応元年（一八六五）、長州は薩摩藩名義で銃艦を購入したが、それは来《きた》るべき幕長戦争に備えてのことであった。そして実際に起こった戦争において、銃艦購入は決定的な役割を果たしたのである。それは、とくに小銃において顕著であった。

長州藩が薩摩藩経由で購入した小銃は、性能の優れたミニエー銃四三〇〇挺と旧式ゲベール銃三〇〇〇挺であった。そして長州兵を指揮したのが、大村益次郎である。彼は蘭学者緒方洪庵の適塾で学んだ医者であったが、その後兵学者に転身し、木戸の推挙で軍制改革の中心人物となっていた。彼はゲベール銃からミニエー銃への転換を図りつつ、諸隊に対して近代的な戦術を教え込んだ。長州軍は大村の立てた綿密な作戦計画に基づいて戦ったが、その作戦は百発百中した。

一方、幕府側の諸藩は、経済的理由から高額なミニエー銃を購入することができず、旧態依然として鎧甲を身にまとい、槍刀や火縄銃で応戦する藩も多かったという。それではミニエー銃に勝てるわけがない。結局、ミニエー銃と大村の作戦のおかげで長州軍は勝利したのであるから、長州が薩摩藩名義で銃艦を購入できたことは、幕長戦争に大きく貢献したのである。

### 幕長戦争と薩長盟約

一方、薩長盟約も幕長戦争に重要な役割を果たしている。そのうちの二つをあげれば、以下のようである。

慶応二年（一八六六）四月一二日、幕府は諸藩に長州征討の出兵を命じる。薩長盟約により、薩摩藩は当初から出兵の意思はなかったが、幕府は出兵を催促する。一四日、大久保利通《おおくぼとしみち》は大坂城に老中板倉勝静《いたくらかつきよ》を訪ね、大坂藩邸留守居の名義で「天理にもとる戦いには参加できない」という出兵拒絶書を提出する。だが、板倉は留守居名義のものは受け取れないとして拒否した。

この日、板倉に会ったとき、天下の老中が出兵を催促するのに、大久保はあたかも耳が聞こえないふりをして「なに、薩摩を討つと言われるのか。わが藩にどんな罪があると言われるのか。しかし、もし討たれる罪があるのであれば、わが藩は武備を整えて、堂々と追討軍を迎えるであろう」と答えた。出鼻をくじかれた板倉は、あわてて弁明に努めたという。

その後一九日、大久保は先日受け取りを拒否された留守居名義の出兵拒絶書を、名義だけ藩主名に書き換えて提出した。鹿児島との往復には数十日かかるはずなのにと驚く老中に、在京の重役はかねて主人（藩主）から委任されているので、それにしたがって処理したのだ、と言って屈しなかった。国元の西郷は大久保宛ての手紙で、この話を聞いた薩摩藩主父子は「大久保よくやったとたいへん満足されています」と書いている。その後の出兵命令も拒絶したことは、いうまでもない。

七月に入ると、薩摩藩は薩長盟約第一条に従い、御所警護のためとして、八隊で計一一四〇人を入京させた。これで京都藩邸の一〇〇〇と合わせて約二〇〇〇の兵力が出兵可能となった。

最大の雄藩である薩摩藩が先頭を切って堂々と出兵拒否を宣告したことに促されたかのように、広島藩、宇和島藩、佐賀藩などがいろいろな口実をもうけて、つぎつぎと出兵を拒否した。その結果、幕府が計画していた長州包囲網に大きな綻《ほころ》びができて作戦に狂いが生じ、幕府を敗戦へと導くことになった。盟約に基づく出兵拒否は、長州のために大いに役立ったのである。

幕府は一五万の大軍で長州全体を包囲し、芸州口、石州口、周防大島口、小倉口それに萩口の藩境五方面から攻めかかることにし、薩摩藩に対して萩口方面の戦いを割り当てていた。ところが、薩摩藩は出兵を拒否したのである。

では、薩摩藩が萩口から攻め込んでいたならば、戦況はどうなっていただろうか。出兵可能な薩摩藩兵すべてが萩口の戦争に向けられたとすれば、長州側は約二〇〇〇の薩摩藩兵と戦うことになる。兵約五〇〇〇の長州勢では、単純計算して兵力を五等分せねばならず、ミニエー銃もせいぜい一〇〇〇挺しか割り当てられなかったと思われる。これでは全員ミニエー銃をもつ薩摩藩兵に対しては、だいぶ不利な状況である。

また、薩摩藩は薩英戦争後すぐさま近代化された強力な海軍をもっており、この海軍に支援された薩摩軍が日本海側萩口に上陸して五境戦争となっていたら、石見《いわみ》方面（石州口）の大村益次郎も下関方面（小倉口）の山県有朋も、ともに背後を脅かされ、長州側の前線は総崩れになったであろう。それに海軍力においては、薩摩藩のほうが長州藩よりはるかに優勢であり、しかも薩摩側には有力な幕府海軍が加わるわけであるから、長州軍は薩摩軍の萩上陸を阻止できず、完敗に追い込まれたに違いない。

要するに、薩摩藩と盟約して薩摩藩の参戦を阻止しないかぎり、長州藩は幕府征討軍に勝てなかったであろう。盟約こそが長州側の勝利を保障するとともに、幕府に致命傷を与える基本的要因となった。このことを思えば、盟約の意義はきわめて大きいのである。

## 盟約締結後の龍馬

ところで、慶応二年（一八六六）一月の盟約締結から同年六月に起きた幕長戦争に至る四か月半のあいだ、坂本龍馬にはおもしろい話がある。彼が、それを同年一二月四日付の兄たち宛ての手紙に書いているので紹介してみよう。

盟約の締結後、龍馬は京都伏見の寺田屋に泊まった。これは薩摩藩士の定宿であり、ここは四年前の文久二年（一八六二）四月に、島津久光が薩摩藩士に同藩の尊攘激派有馬新七らを討たせた場所として知られる。

現在でいえば深夜の三時ごろ、龍馬は幕吏に襲われた。それを知らせてくれたのは、のちに妻となるお龍である。捕り方たちは、「この者がいては徳川家のためにならない。ぜひとも殺すように」との指令を受けていたという。龍馬は高杉晋作からもらった六連発の銃で戦い、一人を射殺したが、自身、腕に深手を負った。一緒にいた長府藩士の三吉慎蔵も得意の槍で防戦した。多勢に無勢で防戦は困難を極めたが、なんとか二人は現場を脱出し、やっと助かることができた。

龍馬は手紙で、「この時嬉しかったのは、伏見の薩摩藩邸にいた西郷が心配して、自ら短銃に弾を込めて自分を助けに行こうとしてくれたことです」と書いている。また、木戸孝允《きどたかよし》は龍馬宛ての手紙で、遭難の知らせを聞いて「骨も冷たくなった」と見舞いの言葉を書いている。

その後、龍馬とお龍の二人は、西郷隆盛と小松帯刀《こまつたてわき》の勧めに従い、鹿児島の温泉で傷の療養をすることになった。姉に宛てた別の手紙によれば、その間二人は天孫降臨の山といわれる霧島山（高千穂の峰）に登り、天孫が立てたといわれる頂上の鉾（天逆鉾《あまのさかほこ》）を二人して引き抜いている。伝統や権威など気にしない、二人の破天荒で合理的な性格がうかがわれる。

およそ二か月のあいだ鹿児島に滞在してから、二人は薩摩藩の仲介で長州藩が購入したユニオン号（乙丑丸《いっちゅうまる》）で下関に向かった。そこでユニオン号を長州に引き渡すためである。途中長崎でお龍を下ろし、龍馬が下関に着いたのは六月一六日であった。だが、この時にはすでに幕長戦争が勃発しており、龍馬は戦争に巻き込まれることになる。

前記一二月四日付の手紙によれば、龍馬は下関で旗艦丙寅丸《へいいんまる》を指揮する高杉晋作とともに乙丑丸を指揮して、幕府側の小倉藩兵と戦っている。高杉が戦場で酒樽を開いて兵士たちに飲ませ、戦意を高揚させて敵兵を打ち破ったこと、小倉藩兵が戦争の仕方を知らず、見ていて見苦しいことなど、絵を添えて兄や家族に知らせている。

# 徳川慶喜

### 慶喜と西郷・大久保

一四代将軍家茂《いえもち》の死去後四か月半の空位期間を経て、徳川慶喜《よしのぶ》が一五代将軍に就任したのは、慶応二年（一八六六）一二月五日である。ところが、それから二〇日後の同月二五日、孝明天皇が亡くなってしまう。その死に方に不明な点があったため、天皇は岩倉具視《いわくらともみ》の指示によって毒殺されたのだという説が、当時から有力視されていた。だが、最近では病死説に落ち着いたようである。

翌慶応三年一月九日、践祚《せんそ》の儀が行われ、新天皇（明治天皇）が誕生する。一六歳と若かったため、関白二条斉敬《にじようなりゆき》が摂政となった。

将軍に就任した慶喜は、諸侯を引率し幕威を回復することに努めたが、それに対抗したのは長州が戦列を離れていたので、もっぱら雄藩連合を理念とする薩摩である。

京都薩摩藩邸の西郷隆盛と大久保利通《おおくぼとしみち》は、日本の緊急問題と見なされていた二つの問題を争点にして、幕府に相対しようとした。その二つとは、兵庫（神戸）開港問題と長州問題である。

将軍就任の翌三年三月から四月にかけて、慶喜の心を占めていたのは兵庫開港問題である。幕府は安政五年（一八五八）、米露英蘭仏の五か国とのあいだに通商条約を調印した。その条約では、兵庫港は慶応三年一二月七日（太陽暦では一八六八年一月一日）を期して開港し、開港予定を半年前の六月七日に公表することになっていた。

だが、各国にとって兵庫開港は、関西圏での貿易のためにはぜひとも必要だったため、列強はなるべく早く開港せよと迫っていた。

本来開国論者の慶喜は、外国側の要請に応えるかのように、早く開港の勅許を出させようと画策する。一方、朝廷側は京都の近くに横浜のような場所ができるのは望ましくないとして、開港に反対していた。だが、このころになると、ほとんどの藩は貿易による経済的潤いから開港に前向きになっており、閉鎖しつづけることは現実的には無理であると考えていたようである。

一方、長州復権は慶喜の策謀で実現できず、薩摩藩にとって緊急の課題になっていた。

慶喜はすでに慶応三年三月、朝廷に対して兵庫開港を奏聞していた。それに対して在京の西郷、大久保、小松帯刀《こまつたてわき》ら薩摩藩首脳部は、長州問題も加えた朝議で勅許を出させようと考えた。

そこで彼らは、島津久光、松平春嶽《まつだいらしゅんがく》、山内容堂《やまうちようどう》、伊達宗城《だてむねなり》の四賢侯に上京してもらい、前年一月の長州処分案よりはるかに軽い処分案と長州藩主父子の名誉回復ならびに兵庫開港を四人の案とし、それを慶喜に認めてもらって朝議で決定させるという案を立てる。この二つの問題については、四侯と慶喜のあいだでは大きな見解の相違はないとみられていたのである。

久光は四月二日、兵七〇〇を率いて入京、他の三人も五月一日までに入京した。

四侯は長州問題を先に取り上げるべきだと主張するが、慶喜は、彼と四侯の五者会談で、兵庫開港を先にすべきだと主張して大いにもめ、結局二つ同時に朝議にかけることになった。

五月二三日に開かれた会議の模様は、越前藩の記録『続再夢紀事』に述べられている。それによると、朝廷側からは摂政二条斉敬を中心に近衛忠房など五摂家が勢ぞろいし、武家側からは慶喜、春嶽、宗城（久光、容堂は体調不良で欠席）などが出席した。

兵庫開港を激しく要求する慶喜に対して、攘夷主義の公家たちは、開港反対は亡き孝明天皇の遺志であると必死に抵抗する。二三日には決着がつかず、会議は翌二四日にもちこされたが、結局、今回も慶喜の剛腕に押し切られてしまい、無条件勅許となってしまう。一方、長州問題は「寛大の処置、取り計らうべきこと」とあるだけで、官位回復とか復権などの立ち入った内容には触れられていない。慶喜の完勝であった。

これらのことから、慶喜と久光（薩摩藩）の関係はいっそう悪化することになる。

六月六日、幕府は一二月七日からの兵庫開港および江戸・大坂の開市を布告した。

**剛腕慶喜**

慶喜について木戸孝允《きどたかよし》は、幕府開祖の徳川家康の再来と評した。

その英明・剛腕ぶりは、四賢侯相手の会談でもいかんなく発揮された。彼らはそれぞれの藩の最大の実力者であり、かつ「賢侯」といわれるほどの人物である。その四人を適当にあしらい、結果的に自分の意見を押し通している。四人が束になってもかなわないという感じである。

さらに、朝議での公家に対しても見下すような態度をとった。

将軍になる前の慶応元年九月と一〇月の朝議において、慶喜は公家側を「おどしつ、すかしつ、弁論を尽くした」（『徳川慶喜公伝』）ため、彼らに「はなはだ不埒《ふらち》、にくむべし、にくむべし」と言われた（『朝彦親王日記』）し、翌二年一月の朝議でも同様であった。

今回は前二回とは違い、将軍として朝議に参加しており、孝明天皇亡きあとには自分の壁となるものはないから、その傲岸さ・高慢さは度を越していたようである。朝廷を軽蔑することははなはだしく、「言語に絶するものがあった」と伊達宗城は日記に書いている。

慶喜を高く評価していたのは、実際に戦いを挑んだ西郷や大久保だけではなかった。朝敵長州の広沢真臣《ひろさわさねおみ》でさえ、同藩の重役前原一誠《まえばらいっせい》に対して「恐れながら朝権も完全に慶喜の手中にある勢いで」「じつに新将軍は、才略という点でも抜きんでた人物であり」「幕府内でも老中も何も関係なしに、みずからすべてを取り仕切っているようにうかがえる」と書き送っている。

# 大政奉還

## 薩摩藩の方針と大政奉還

徳川慶喜《とくがわよしのぶ》はたしかに有能な将軍であったが、幕府の力は明らかに衰微していた。諸藩を統率する力は弱くなり、幕長戦争で参軍を拒絶する藩も多く出るようになり、戦争自体も勝つことはできなかった。また、慶応二年（一八六六）の一揆や社会的騒乱の数は、江戸時代を通じて最多であり、社会的不安を増大させた。これは幕政の失敗を意味する。

一方、慶喜ひとりに翻弄される朝廷に期待することもできず、かといって、朝・幕・藩の三者による合議的政治体制はすでに参予会議の段階で失敗していた。

こうしたことから、薩摩藩はそれまでの公武合体路線を放棄し、幕府と朝廷に代わる第三の政治機構を求めるようになる。つまり、幕藩体制そのものの否定（大政奉還や将軍職の廃止）と、そのもとでの新政治体制（王政復古）の実現である。

慶応三年五月の朝議開催の翌二五日、在京薩摩藩邸首脳部（島津久光、小松《こまつ》帯刀《たてわき》、西郷隆盛、大久保《おおくぼ》利通《としみち》など）は、「これから先のことを相談し」「長州とともに事を挙げるの議」をほぼ決定し（『大久保利通日記』）、のちにそれを藩主忠義も承認した。

ところで、「長州とともに事を挙げる」とはどういうことか。その後の経過からは、長州の復権活動のほかに、おおよそ次のような活動であったと想像される。

第一に、大政奉還（政権の返上）を実現すること。

第二に、将軍職の廃止を実現すること。

第三に、新しい政治体制をつくること（王政復古）。

要するに、長州と協力して幕府を倒し、新政治体制をつくり出すということである。

では、それはどのような方法によるのであろうか。

これらの活動を幕府が認める可能性はきわめて低い。すると武力に訴えるほかはない。これは、幕府と戦火を交えて倒す、いわゆる「討幕を行う方法」と「朝廷内でクーデターを起こす」方法とに分けられる。

通説では、慶応三年五月下旬以降の政局は、薩長両藩が武力討幕を決断し、それを実行に移そうとしたプロセスであると理解されてきた。だが、これは無理な見解である。

まず、薩長両藩が武力討幕を計画していたことを示す史料は見出されていないし、そもそも幕府との戦いで薩長両藩が勝つ可能性は高くはなく、敗戦は藩の滅亡へと導くかもしれない。そのような一か八かの危険な戦いを選択しなければならない状況ではなかったのである。

薩摩藩はクーデター方式を採用した。それには、文久三年（一八六三）八月のクーデターの成功があったと思われる。あのときは、薩摩藩は平和裏に目標（過激尊攘派の公家と長州勢を京都から追放して、朝廷を正常な状態にすること）を達成することができたのであった。

では、薩摩藩はどのようなクーデター方法を考えていたのであろうか。この点について西郷たちは、八月一四日、品川弥二郎や薩摩藩の方針を知るために入京してきた柏村数馬その他の長州藩士に対して、以下のように説明している（『修訂防長回天史』）。

京都と大坂の藩邸にいる薩摩兵一〇〇〇を三等分し、三三〇の兵で御所に繰り込む、その際正義の公家が残らず参内して禁裏御所に詰める。三三〇の兵で会津藩邸を急襲し、残りの三三〇で京都の幕府兵屯所を焼き払う。

つまり、御所の門を薩摩兵で固めたうえで、クーデターに賛成する公家だけで天皇を囲み、朝議を行って、長州の復権、大政奉還、将軍職の廃止、新政治体制の創建などを決めるのである。

これは、急進的公家の三条実美《さんじょうさねとみ》たちを朝廷から放逐した文久三年八月一八日のクーデター（七卿落ち）と同じやり方である。三条実美が徳川慶喜に、長州藩が会津藩などの幕府勢に対応する。

また、この会談で西郷は、越前藩はクーデターの邪魔はしないと松平春嶽《まつだいらしゅんがく》が約束し、伊達宗城《だてむねなり》もクーデターに協力を約束したと話し、さらに「薩摩藩において討幕はしない」と、念を押している。

八月に長州側からクーデター方式の同意を得た薩摩は、九月一九日、広島藩も加えての（第一次）薩長芸出兵協定を結び、同月下旬を期してクーデターを起こすことにした。だが、これは実行されなかった。肝心の薩長両藩の国元で出兵拒否運動が生じたためである。計画はいったん振り出しに戻った。

### 大政奉還と木戸・龍馬・後藤

薩摩藩は薩長盟約締結後、京都の政情探索のため入京していた品川弥二郎らの長州藩士を、藩邸近くの長屋に住まわせていた。そして、彼らの情報を活用しながら長州復権に尽力してきたが、実を結ばなかった。そうしたなかで、慶応三年（一八六七）五月二五日に薩摩藩が新しい藩の方針を決定したころ、土佐藩参政後藤象二郎が大政奉還を言い出した。これによって、幕末史は弾みがついたように動きはじめる。

ところで、大政奉還、つまり朝廷に政権を返すという考えは、比較的思いつきやすいものである。すでに文久二年（一八六二）、幕臣の大久保一翁は直接慶喜に対して、「幕府が掌握する天下の政治を朝廷に返還する」ことこそ上策であると述べ、春嶽や勝海舟も大政奉還を提言している。さらに四候会議の行われた慶応三年五月、西郷でさえ久光に対して、「政権を朝廷に帰し、幕府は一大名に下る」べきだと建言している（『玉里島津家史料』）。

また、青山忠正氏によれば、このころになると、王政復古という政治理念も、この段階での諸大名家政治勢力にとって、すでに共通了解事項であった。してみると、大政奉還も同様であって、幕政の弱体化が誰の目にも明らかとなった慶応三年にもなると、大政奉還は特別な主張ではなく、政治を論じる人びとのあいだではごく普通の知識になっていたと考えられる。

人びとの心の中に潜んでいた大政奉還の思想が、単なる観念のレベルを超え出て、行動目的として一気に登場してきたのである。

ところで、大政奉還と木戸《きど》孝允《たかよし》や坂本龍馬、後藤とのかかわりは、どのように考えられるだろうか。

当時の長州藩の最高幹部は、木戸と広沢真臣《ひろさわさねおみ》の二人であった。木戸は、長州にいて主として藩内政治に対応していた。一方、広沢は、京都を中心に諸藩や朝廷との折衝に従事していた。だから、薩摩側から大政奉還の情報が長州側にもたらされていたとはいえ、大政奉還は直接的には木戸よりもむしろ広沢が対処すべき問題であった。

それに対して龍馬は、大政奉還とその後の政治体制に関して、興味ある主張をしている。

当時普通になっていた大政奉還論を藩の方針として最初に提言し、他藩の協力を得るべく奔走したのが、土佐藩の後藤であった。その際、龍馬が後藤に影響を与えたといわれることがある。龍馬は、幕長戦争で高杉晋作と一緒に幕府軍と戦った六月以降は、長崎や下関を根拠地にして経済活動その他をしていたといわれる。

脱藩した龍馬と土佐藩の関係が改善されてきたのは、翌慶応三年初めからのようである。一月一二日、龍馬は藩営貿易や汽船購入のため長崎に来ていた後藤と会い、「十分論じ」合った。そして、後藤が卓越した人物であることを認め、土佐も立ち直って「昔の長薩土」になるだろう、と木戸に書き送っている。

後藤は土佐勤王党を弾圧した山内容堂《やまうちようどう》の腹心であり、勤王党に在籍した龍馬とは本来犬猿の仲のはずであるが、意外な邂逅《かいこう》であった。

四月初旬、西郷の力添えにより、龍馬は脱藩罪が許され、土佐海援隊長に任じられた。

六月九日、土佐藩船で龍馬と後藤は京都に向かった。この船中で龍馬は大政奉還とその後の政府の構想を描いた、いわゆる「船中八策」を後藤に述べ、後藤は感心したといわれる。

だが、明治維新史を研究する知野文哉氏は、船中八策についてはそれを証明する史料がないため、最近、明治に入ってからつくられたフィクションではないかという説を展開された。そしてこの説が現在、有力視されている。もっとも、二人とも大政奉還の議論は知っていたはずであり、船中で論じ合ったことは十分考えられる。

さらに、後藤が龍馬から大政奉還策を仕入れたのだとする俗説についていえば、後藤自身が約二〇年後に回想して、大政奉還の着想は福沢諭吉の『西洋事情』、その他の勉強と思索の結果であるとして、龍馬については全然言及していない。

**土佐藩の大政奉還策**

後藤と龍馬が入京した慶応三年（一八六七）六月一五日のころ、京都は久光の率兵《そっぺい》上京があり、薩摩藩の武力行使が話題になっていた。それに驚いた後藤は、薩摩藩の動きに先手を打って、慶喜に大政奉還を建白するという策を思いつく。慶喜が同意すれば平和的な方法で大政奉還が達成され、同時に遅れていた土佐が、薩摩に追いつくことができるとの判断であろう。

後藤は在京土佐藩の参政福岡孝弟《ふくおかたかちか》らと話し合って、大政奉還と奉還後の政治体制構想論をまとめ、それを土佐藩の藩論として幕府に建白することにした。薩摩藩の小松帯刀の同意も得た。

六月二二日、後藤たちは、土佐藩と薩摩藩の会談（土佐藩からは後藤ほか藩重役三人、薩摩藩からは西郷、小松、大久保の三人、それに龍馬と中岡慎太郎の二人）の場でそれを紹介した。

後藤の論は、「大政奉還による王政復古は当然であり、将軍は辞職して一大名になること」「大政奉還後、上院と下院の二院からなる議事院を建て、議員を選挙で選ぶこと」を主要論点とし、しかもそれを早急に実現しようという、きわめて優れた提案であった（『玉里島津家史料補遺』）。

これには、大政奉還・王政復古、そして慶喜の将軍職辞職の三点が含まれているので、西郷は品川弥二郎と山県有朋への手紙で、土佐の提案は「じつに渡りに船であり、すぐに同意」したと記している。以降、両藩は大政奉還の建白方針でいくことを約束する（薩土盟約）。もちろん薩摩藩主父子もこの盟約には同意している。なお、薩摩藩との盟約という形にしたのは、建白の効果を上げるためである。

それにしても一気に薩摩側にも承認させ、動きを大政奉還へともっていった後藤の手腕は、高く評価しなければならない。

なお、二院制と選挙制は、アメリカの大統領制と二院制である連邦議会制を紹介し、超ベストセラーになっていた福沢諭吉の『西洋事情』（前年の慶応二年一〇月ないし一二月刊行）の影響があったと思われる。

ところで、薩摩藩は土佐藩の大政奉還建白論とは違い、クーデターによる大政奉還実現論である。にもかかわらず、西郷たちが土佐の平和的建白方針に賛成したのはなぜか。それは、どうせ幕府は建白に応じないだろうから、それを名分にして武力を背景とするクーデターを行えばいい、そのときは土佐藩も加わる、と後藤が言っていたからである。

後藤は、すでに土佐に帰っていた山内容堂の許可を得たうえで、幕府に大政奉還を建白することになり、七月三日、容堂を説くため土佐に帰った。

だが、容堂は後藤の持ち帰った奉還建白案に反対した。大政奉還自体には大賛成であったが、幕府に味方してそれを助ける、いわゆる佐幕派の彼は、武力を用いる、つまり土佐藩兵を上京させるという点と、慶喜から将軍職を奪うという点の二つを承認しなかったのである。

土佐藩の最終方針を後藤が西郷に伝えたのは、九月三日であった。薩摩藩とのあいだに大政奉還の実現方法の違いが生じたので、ここに薩土盟約は崩壊した。

薩土両藩はそれぞれ自分の道をゆくことになり、一〇月三日、容堂は薩土盟約から武力行使と慶喜の将軍職剥奪の二点を除去したものを土佐藩からの大政奉還建白書として、後藤や福岡を通じて老中板倉勝静《いたくらかつきよ》に提出した。また六日、広島藩からも大政奉還建白書が提出された。

## 出兵拒否論と討幕の密勅

戦いを目的とする出兵上京には、どの藩でも反対があったと思われる。慶応三年（一八六七）九月下旬の薩摩藩でも、国元の鹿児島と京都薩摩藩邸との両方で反対があった。

地元では武力討幕のための率兵・上京だとの噂が出て、藩上層部からも強い反対意見が出た。九月二八日、藩主忠義自身が、出兵は討幕のためではなく、藩是の「禁裏守衛」のためであることを広く藩内に布達せよ、と家老に命じる始末であった。

在京の土佐藩執政寺村左膳の手記によれば、京都では薩摩藩大監察の町田久成が、西郷の出兵催促に対して「挙兵不同意」の意見を変えず、帰藩後「西郷の挙動は児戯に等しい」と言ったという。

また、京都薩摩藩邸での反対論の代表は、文久三年（一八六三）八月のクーデターの口火を切った高崎正風《たかさきまさかぜ》であった。同じく寺村の手記によれば、高崎は後藤の平和的大政奉還論を支持し、小松帯刀に対して激しくクーデター反対意見を述べた。そのため、「小松は大いに窮して妾宅へ逃げ込み、人に対面せず」という状態であったという。高崎の説得は小松に少なからず影響を与え、やがてクーデター路線よりも、後藤と連携して大政奉還・王政復古を実現するという道に向かうようになる。

地元での反対論の理由としては、長州の二の舞になるのではないかという心配と、薩摩藩の逼迫した財政状態の二つが考えられる。このように、西郷たちが考えたクーデターのための出兵・上京論は、薩摩藩全体でいえば少数派だったのである。

同じような状況が長州藩にも存在していたので、薩長両藩の首脳部は、「討幕の勅」を出してもらうことを思いついた。それは、両藩で燃え上がる出兵拒否論を天皇の権威で抑え込むためである。天皇の命令であれば誰も反対できず、出兵・上京が決まるからである。

一〇月八日、薩摩藩の小松・西郷・大久保、長州藩の広沢真臣・品川、広島藩の植田《うえだ》乙次郎《おとじろう》・辻維岳《つじいがく》らは京都で会談し、三藩共同出兵とクーデター方式の採用で新政府をつくることを再確認する。会談後、大久保は広沢と植田をともない、中御門経之《なかみかどつねゆき》を訪ねて中山忠能《なかやまただやす》と会談、討幕の宣旨《せんじ》（天皇の言葉が書かれた内輪の文書）を出してくれるよう依頼した。

それをうけて一三日と一四日に、薩摩藩主父子と長州藩主父子に対する「賊臣慶喜を殺害せよ」

との討幕の宣旨が、大久保と広沢に渡された。書いたのは正親町三条実愛《おおぎまちさんじょうさねなる》と中御門である。

この密勅の文章は、岩倉具視《いわくらともみ》の命で国学者玉松操《たままつみさお》がつくったもので、偽勅であるといわれる。だが、たとえ偽勅であっても、それが証明できない以上、その力・効果は決定的なのである。

## 徳川慶喜の大政奉還

ところが、慶喜は意外にも土佐藩の大政奉還建白を受け入れた。彼の回想記『昔夢会筆記《せきむかいひつき》』によれば、このころになると、彼は新政府で政治を一新しなければならないと思っていたというから、王政復古に基づく二院制構想は案外容易に受け入れられたのであろう。

慶応三年（一八六七）一〇月一四日、慶喜は朝廷に対して「政権を朝廷に返上したい」という内容の上表を提出し、翌一五日、朝廷は慶喜に対して大政奉還勅許の沙汰書を渡した。ここに二六十数年つづいた江戸幕府、そして平清盛以来七〇〇年以上つづいた武家政権に幕が下ろされた。小春日和《こはるびより》のよく晴れた日であったという。

慶喜の建白受け入れは、多くの人に「意外」と受け止められ、一部の人には称賛されたが、幕府内では反対意見も多かった。一四日には上表の採択を妨害せんとする動きも噂されるなど、騒然とした状況になる。

慶喜は、大政奉還のスムースな勅許を望んだ。上表提出に手間取ったり、朝議が長引いたり、上表が却下されると、事態が逆戻りしてしまうかもしれない。そうしたなかで、大政奉還勅許後の具体的展望を与えながら、奉還の早期勅許を実現させるべく奔走したのが、じつは小松帯刀であった。

一〇月一三日、招集により在京四〇藩の重臣約五〇名が、二条城大広間の二の間に集まった。薩摩藩からは小松、土佐藩からは後藤その他が出席した。登城する前の後藤に対して龍馬は手紙を送り、「建白が容れられず後藤が下城しなかった場合、海援隊は参内する慶喜を待ち伏せ報復するつもりである」と書き、それに対して後藤は同日付の手紙で、「必死で説得するが失敗して自分が死んだ場合でも、慶喜への報復は慎んでくれ」と返事している。この日のことは龍馬にとっても重大関心事であったことがわかる。

午後二時ごろ、慶喜が臨席し、老中板倉勝静らが列席するなかで諮問案が回覧され、意見のある者は申し上げよと伝えられたが、会津・桑名の両藩からも意見はなかった。

意見のある者は残るようにとのことだったので、小松や後藤その他四名が残って意見を述べた。小松は「今日は誠に未曾有の御英断で、誠に感服致しました」と言い、その後のことも提案した。後藤もつづいて同様のことを話したという（『昔夢会筆記』）。

ところで、二条城における小松や後藤の発言であるが、家近良樹氏の研究では、幕府側が両人に依頼したものであるという。すなわち、幕府側は大政奉還を諸藩に表明しても賛成する者はいないと予想し、熱烈に賛成する者が必要だったのである。だから二人にその役を依頼した。一種のヤラセであるが、小松にしても後藤にしても奉還に賛成であったから、引き受けてその役を立派に果たしたのである。この件で慶喜の本気度がわかる。

また、幕府側は朝廷への周旋も二人に依頼した。それを受けて両人は翌一四日、参内前の摂政二条斉敬《にじょうなりゆき》邸に押しかけ、小松は、上表文の速やかな聴許《ちょうきょ》（聞き入れること）のために尽力しなければ、薩摩藩にも考えがあると脅した。その後開かれた朝議は非常に紛糾したが、小松の恫喝《どうかつ》が効いたのか、勅許の方針が採択され、翌一五日に勅許が出されて、大政奉還が実現したのである。一三日と翌一四日に薩長両藩に倒幕の宣旨が出されているので、それを知っている小松としては、気が気でなかったであろう

薩摩藩の小松が幕府側の依頼に応じて大政奉還を実現させるとは、西郷とあまりに路線が異なるように思える。少なくとも慶応元年（一八六五）末ごろには、クーデター方式の西郷と言論派の小松では、誰の目にも両者の路線の違いが明らかになっていたが、大政奉還のときにも違いがみられる。しかし、大政奉還という目標は同じであるから、西郷や大久保は小松の動きを咎めな

かった。

一三日の夕方に下城した小松は、さっそく大久保に対して、二条城での結果について「王政復古の筋道も十分に立ち、じつに意外のことでした」と書き送っている。

大政奉還を建白したのは後藤、決断したのは慶喜、実現させ王政復古への道筋をつけたのは小松であるといわれる所以である。

当然のことながら、大政奉還勅許をめぐっては、会津藩や幕府側守旧派は騒然とした雰囲気の中にあった。正親町三条実愛の手記によると、若年寄戸田忠至《とだただゆき》談として、幕府の支配地はどうなるかなど幕府関係者のあいだでも議論が沸騰し、これも小松のせいであるから、「小松を斬るべし」との声があったとある。また、ある大垣藩士が老中に対して、薩摩藩邸に放火することを建言したという情報が、岩倉から薩摩藩邸側に伝えられたという。

このような大政奉還直後の反薩摩的雰囲気をうかがわせる記述として、『桐野利秋《きりのとしあき》日記』がある。

一〇月二八日、桐野利秋の従弟の薩摩藩士別府晋介が、京都四条富小路東入で暴漢に襲われた。「何者か」と問えば「政府」とだけ答え、さらに「政府とはどこか」と問えば「徳川」と答えた。これだけ言って暴漢は一間ばかり後ずさり、刀を半分ばかり抜きかけたため、別府が抜き打ちに斬り捨てた。ちなみに、別府はその後陸軍少佐になったが、明治一〇年（一八七七）の西南戦争の際は西郷軍に加わり、その最終場面で「晋どん、ここでよか」と言う西郷を介錯した人物として名を残している。

なお、討幕の密勅の件であるが、大政奉還が実施されたことから、中山忠能は一〇月二一日、討幕実行の中止を伝えている。

## クーデター方式の再確認

慶喜の大政奉還は、薩摩側にとって意外な展開だった。小松は近衛忠房に対し、慶喜の「英断」によって薩摩は「暴発の手段を失い」「西郷や大久保はもちろん藩邸は非常に困った状態になった」と述べている。西郷たちは、慶喜は土佐藩の建白を拒絶するだろうから、慶喜の一般世論の無視や失政その他を理由に、クーデターを起こすつもりだったのである。

慶喜は彼らの裏をかくように大政を奉還してしまったが、それで西郷たちのクーデター方式が揺らぐことはなかった。それは、たしかに慶喜は大政を奉還したけれども、まだ彼は将軍のままだったし、王政復古も実現されていなかったからである。

一〇月一七日、クーデター方式の採用を再確認した西郷、小松、大久保、広沢、品川らは、討幕の密勅を手にして、それぞれの藩地に向け京都を出発する。広沢は長州藩主に、西郷たちは薩摩藩主父子に密勅を提出、ともに率兵上京が了承された。

一一月一三日、薩摩藩主島津忠義は西郷を従え、三〇〇〇の兵を率いて鹿児島を出港、二三日に入京した。途中の一八日、忠義は三田尻に立ち寄って長州藩世子毛利《もうり》広封《ひろあつ》と会い、薩長芸出兵協定（第二次）を結んだ。

一方、大久保は病気の小松の代理で土佐へ出発し、一一月一五日に京都に着いた。鹿児島に帰っていた小松は一一月七日、足痛のために上京を断念した。彼は上京の途中土佐に立ち寄り、今後のことを後藤と相談する約束をしていたが、代わりに大久保が土佐に行ったのである。

その後、小松が上京したのは翌慶応四年（一八六八）一月二五日である。京都を留守にしていた三か月のあいだに、王政復古のクーデターや鳥羽伏見の戦いという幕末史でもっとも重要な出来事があった。その現場にいなかったことは、彼にとってこの上もなく残念なことであったに違いない。それに、慶喜と親しい彼がいたのなら、それらの二大重要事件も異なった姿をとったと思われる。

戊辰《ぼしん》戦争以降も小松は仕事をしたが、健康問題から十分な働きはできなかった。彼が十分に能力を発揮できたのは、西郷や大久保と一緒に京都から帰省した慶応三年一〇月一七日までであったといえよう。その一か月後に龍馬が暗殺されているので、同じ歳のこの二人は、実質的にほぼ同じころに政治舞台から身を引いたのであった。小松は明治三年（一八七〇）七月一八日に病没した。大隈重信は小松について、「容貌、風采とも立派で、気品があり、薩摩人には珍しく雄弁家で、寛仁大度《かんじんたいど》の人であった」と評している。

大政が奉還された一〇月一五日、朝廷はさっそく、島津久光、松平春嶽、山内容堂ら有力者八人に上洛を命じる。大政奉還後の政治運営について、八人と相談したいとのことだった。

さらに二二日、朝廷は八人が上洛するまでのあいだ、重要問題の扱いについては慶喜に委嘱すると命じる。だが、慶喜は二四日、朝廷に将軍職の辞表を提出した。それに対して朝廷は二六日、諸藩主が上京するまで辞職を待つよう指示する。政権を返されてもどうしてよいのかわからない朝廷の慌《あわ》てぶりが、手にとるようにわかる。

難題を避けるためか諸侯はなかなか上洛してこなかったので、このままではそれまでと同様、その抜群の政治的能力から慶喜が実質上政治の主導権を握る可能性が大であった。

一方、外国と約束した兵庫開港も目前（一二月七日）であり、一日も早く新政権を樹立して外国の信用を得なければならないが、朝廷にはその力も覚悟もない。

大政奉還後の政治の混乱ぶりをみて、西郷や大久保は一一月下旬、クーデターによって一気に朝政と幕政を改革すると同時に、慶喜を大名の位置から引きずり落とす決心をする。いまだ長州の復権もかなっていなかった。

なお、同じ一一月の上旬、龍馬は八項目からなる大政奉還後の「新政府綱領八義」を著した。その後、龍馬は幕府大目付永井尚志《ながいなおむね》と薩摩のクーデターについて議論しているが、クーデターでの武力行使は、幕府ではなく朝廷内の王政復古反対派に対するものであるという点で見解が一致した。それは二人が、大久保らの朝廷工作が功を奏しつつあることや、薩摩の武力行使が幕府勢力、とりわけ会津や桑名を対象としていることを知らなかったからである。

その際、龍馬は、武力なしで実行する方法があると言ったという。彼がどのような方法を考えていたかは不明だが、龍馬の平和的方法で王政復古が実現されていたなら、その後の混乱は生じなかったかもしれない。

それから数日後の一一月一五日、龍馬は京都見廻組《みまわりぐみ》配下の手によって、中岡慎太郎と一緒に殺された。王政復古のわずか三週間前、三三歳のじつに惜しまれる死であった。

# 王政復古のクーデター

## クーデターの準備

クーデターを決行するにあたっては、他の諸勢力の動向を知っておく必要がある。西郷隆盛たちはそのあたりの対策も怠りなく、十分な情勢分析を行っている。そして、その結果をクーデター直前の慶応三年（一八六七）一二月五日、国父島津久光の側近蓑田伝兵衛に宛てた手紙で、久光に知らせている。

そのなかで西郷は、「龍馬と中岡が暗殺され、土佐藩邸が大いに憤激している」と書いたあと、諸藩のなかではクーデター路線が優位に立っており、クーデターを起こした場合、慶喜《よしのぶ》は旧体制に戻す気はなく、幕府側で「挙兵するとすれば会津と桑名の両藩だけである」と書いている。直接久光宛ての手紙で知らせないのは、家来は主君に対して、上書ならともかく手紙を書けないからである。

また、大久保利通《おおくぼとしみち》も蓑田に宛てた同日の五日付の手紙で、クーデターをやっても幕府が動くことは絶対になく、挙兵の可能性があるのは会津藩だけであると久光に知らせている。

これらの情報はきわめて重要である。当時京都の会津藩邸にいたのは、三〇〇〇の藩兵であったという。会津一藩だけならさして怖くはない。西郷たちにこの確信があったから、公家たちや他の諸藩も安心してクーデターに加わったのである。

一一月までに薩摩藩兵約四三〇〇が入京し、長州藩兵二五〇〇も一二月初めまでに西宮と尾道に到着し、入京の機会を待った。

一二月四、五日、西郷たちはクーデターの手順と新政府の構成について後藤象二郎と相談し、クーデターの際の五藩（薩摩、土佐、広島、越前、尾張）の兵の配置と、幕府と摂関を廃止して総裁・議定・参与からなる三職制の採用を申し合わせた。後藤は言論派だったが、クーデターによる王政復古でもよいと考えたのであろう。

ここにクーデターの準備が完了した。

朝廷において、薩摩側がもっとも信用できる同志として選んだのが岩倉具視《いわくらともみ》である。

彼は、和宮《かずのみや》降下問題で洛中追放処分になったあと、比叡山麓の辺鄙《へんぴ》な岩倉村で過ごした。慶応元年の春ごろから彼は王政復古を画するようになり、薩摩側と手を結んだのである。

さて、慶応三年三月下旬、孝明天皇の死による大赦によって、前年八月の「朝政改革を求めた二二人の公家による直訴」で処罰された明治天皇の外祖父中山忠能《なかやまただやす》、岩倉の義兄中御門経之《なかみかどつねゆき》、義奏正親町三条実愛《おおぎまちさんじょうさねなる》ら薩摩寄りの公家たちが次々と朝廷に復帰してきた。岩倉も一一月八日には京都に住むことが許された。

西郷、大久保、後藤それに岩倉の周到な準備のあと、一二月八日までに、クーデターに参加する薩摩・土佐・広島・越前・尾張の諸藩が最終的に確定した。なお、親藩の越前藩、御三家の尾張藩、佐幕派の土佐藩が参加したのは、クーデターの成功が予想されたこと、クーデター後の新政府も徳川慶喜が主導するだろうとの思惑があったためと思われる。

九日朝、前夜からの朝議で長州藩の冤罪が正式に晴らされ、やっと長州兵が入京できるようなった。その後、クーデターに加わる公家や大名だけが残り、赦免された岩倉が五年ぶりに参内して朝議が開かれた。と同時に、薩摩ほか四藩の兵隊が警備につくなかで、「王政復古」が宣言された。内容は、「慶喜の大政奉還と将軍職辞退の承認」「幕府と摂関（旧体制）の廃止」「総裁・議定・参与の三職からなる中央政府の発足」である。

ここまではなにも異変は起こらなかった。

なお、このクーデターについて慶喜は、松平春嶽《まつだいらしゅんがく》を通して一二月六日には知っていたが、それを阻止しなかった。また彼は、会津、桑名の両藩や摂政二条斉敬《にじょうなりゆき》にクーデターのことを洩らさなかった。慶喜が阻止せず、洩らさなかったのは、王政復古と新政府樹立に彼自身が賛成していたこと、新政府での主導的立場を確信していたからであろう。

クーデター成立後、それを知った幕臣や会津・桑名の両藩士は激怒したが、慶喜ははやる彼らをなだめたという。

## 薩長盟約と長州復権ならびに王政復古のクーデター

それまでの薩摩藩による長州復権活動は、一会桑、とくに一（慶喜）により邪魔されてきた。そうすると、薩長盟約第五条「一会桑が邪魔するときは、決戦に及ぶほかない」により、武力を用いることも覚悟せざるをえなくなった。だが、慶喜の将軍就任後の一会桑と戦うことは、幕府本体と戦うということであり、薩摩藩一藩ではむずかしく、困難が予想された。

ところで、そもそも慶喜は、本気で長州を処分するつもりだったのだろうか。

じつは、慶喜が朝廷に大政奉還を申し出た一〇月一四日には、長州の復権を認めるつもりであった可能性が高い。それを示唆するものとして、この日の慶喜と小松帯刀《こまつたてわき》の会談がある。

この日、小松は二条斉敬邸に行ったあと、二条城で慶喜と話をしている。その際、上表文のなかに将軍職辞職の文言がないことについて、慶喜が「辞職の意志はあるが、幕臣たちが同意しないので書かなかった、長州復権のことも同じである」と言ったという（『嵯峨実愛日記』）。

つまり、このころにはすでに慶喜は内心、大政奉還や長州復権はやむなしと思っていたのである。そこに一〇月初め、土佐藩や広島藩から大政奉還の建白書が届いた。もしこれを拒否すれば、土佐と広島の二藩も薩長側に付くかもしれない。幕長戦争の結果から幕威の衰えを肌で感じたであろう慶喜にとって、薩長土芸の四藩との戦いは自信がなかったと思われる。

それに後年述べたように、新政府での新しい政治に期待していたのであれば、慶喜こそ大政奉還建白は「渡りに船」だったと思われる。大政奉還後の新議会で長州の復権を認めればよいと考えていたのではなかろうか。慶喜の本心がわかった小松は、長州復権を実現する平和的な方法の可能性を認識し、その道を選んだ。西郷や大久保もそれに反対しなかったが、それが見込まれない場合は、クーデター方式もやむをえないと考えていたのである。

その後、西郷・大久保や広沢真臣《ひろさわさねおみ》たちは、長州復権のため諸藩や公家たちに働きかけた。一方、慶喜は大政を奉還しているから、長州問題に決定を下す権限はなく、朝議に決定を委ねた。

一二月八日に朝議は開かれた。朝廷側からの一七名と徳川慶勝《とくがわよしかつ》、松平春嶽、浅野《あさの》長勲《ながこと》の三名が出席した。慶喜や松平容保《まつだいらかたもり》、松平定敬《さだあき》の一会桑三人は病気と称して欠席した。

八日の深夜、この会議の主要議題である長州処分問題には、長州の全面的復権という結論が出された。大政奉還・孝明天皇の一周忌・天皇の元服・立太后・即位など慶賀の儀式がつづいて、朝廷一新の折柄、人心一和のために、長州藩主父子の官位を旧に復し、上京を許可する。これが朝議の得た結論であった。長州復権では表立っては活動できない長州に代わって、薩摩が主導的働きをした。

このようにして、慶喜の思いがけない大政奉還に助けられながらも、薩摩は薩長盟約第五条を完全に履行したのである。

さて、盟約第六条では、長州復権後は、薩長両藩が協力して皇国のために尽力すべしとある。八日の深夜に長州復権が実現した直後、薩摩藩はさっそく盟約の履行に取り掛かる。九日の朝、前日の朝議の参加者のうち六名が残り、一〇時ごろ岩倉具視が参内し、天皇の前に出て王政復古の大号令の上奏文を提出した。そして、王政復古に賛成する公家や大名たちが招集されて小御所に集まり、そこで王政復古が宣言された。

このように、王政復古はクーデターで実現された。だから、会津藩その他の抵抗勢力による武力的反乱が起こる可能性がある。その対策として、岩倉は薩摩、広島、土佐、越前、尾張の要人を呼び、御所内の要所の警備を命じた。五藩はそれに応じて、薩摩は七二〇人、広島は約七〇人、土佐も七〇人、越前は八〇人、尾張は七五人の藩兵を出した。薩摩藩の動員兵力が圧倒的に多く、西郷が全軍の指揮を執った。恐れていた会津藩などの反乱は起きなかった。

クーデター時、長州の兵力は入京しておらず、貢献度は大きく薩摩側に傾く。だが、長州藩は（第二次）薩長芸出兵協定に基づいて、一二月初めまでに二五〇〇の兵を西宮や尾道に上陸させた。クーデターの際、幕府軍との戦いになったとき、天皇を西宮に移すためである。このような準備段階でのことを考慮に入れると、王政復古のクーデターは両藩の協力で実現されたものといえる。薩長盟約第六条に基づく両藩の行動の結果であると見なすことができるのである。

## 鳥羽伏見の戦いから廃藩置県へ

**新政府勢力（大久保・岩倉）の孤立**

王政復古は、少数派によるクーデターで実現された。そして、そうであったがゆえに、将来に不安を残すものであった。不安を残すものであった。その危惧は、誕生したばかりの新政府での初めての会議で、早くも現実のものとなる。

王政復古宣言のあと、新政府最初の会議である小御所《こごしょ》（三職）会議が開かれた。そこで大久保《おおくぼ》利通《としみち》と岩倉具視《いわくらともみ》は、徳川慶喜《とくがわよしのぶ》の内大臣の辞職（辞官）と領地の返還（納地）を提案した。それは、慶喜から大名の地位を剥奪すると同時に、返還された領地を新政府の財源にあてるためである。

だが、それに対して、慶喜の新政府内での地位を確保したい土佐藩山内容堂《やまうちようどう》は猛烈に反対し、クーデターそのものについても「幼い天皇を擁して、権力を盗もうとするもの」と大声を発し、大政奉還という大英断を行った慶喜をこの会議に参加させるべきであると主張した。また、越前藩の松平春嶽《まつだいらしゅんがく》も容堂を援護した。

ここで、大久保・岩倉対容堂・春嶽の激しい論争となり、結局「慶喜に辞官・納地を命じる」ということは決議できず、欠席していた慶喜を春嶽と尾張藩徳川慶勝《よしかつ》が、「慶喜が辞官・納地をみずから申し出る」よう説得するということに落ち着く。この会議では、徳川家だけに返還を求める大久保・岩倉への反対意見が多く、彼らが新政府内での孤立化を恐れて妥協したのであった。

なお、会議の休憩中、外で兵の指揮を執っていた西郷隆盛が、岩倉に「短刀一本あれば（反対する容堂を刺せば）、片付く」と言い、それを伝えられた容堂がいっぺんに酔いもさめ、譲ったという有名な話があるが、もちろんこれは岩倉に、「どうしても慶喜に辞官・納地をさせる」という覚悟を決めさせるために言ったことで、御所内での流血を西郷が勧めたわけではない。

西郷や大久保は、旧幕府勢力が戦いを仕掛けてくるのを待ち望んでいたようである。それをきっかけに、反新政府勢力をたたくつもりだったと思われる。それを察してか慶喜は、辞官・納地の猶予を求めたうえで、一二月一二日、薩摩藩邸を攻撃せんばかりの会津藩士や桑名藩士を引き連れて大坂に移り、大坂城に入った。京都を戦禍から守りたいという慶喜の心情の表れで、冷静な彼への評価は高まった。

また、慶喜が京都を離れるのと入れ替わる形で長州藩兵が入京し、ここに、京都は薩長強硬派の軍事的支配下におかれた。

慶喜の辞官・納地を求めた新政府、とくに岩倉や大久保らの薩摩勢に対して、大坂城にいた旧幕臣や会津・桑名の両藩兵、新選組などは激昂し、「薩摩のやること」はまったく「怨み骨髄に徹す」という状況であった。

その後も辞官・納地と慶喜の議定問題は話し合われたが、大久保が「扶幕の徒」と見なす春嶽・容堂派は、慶喜の側近と相談して領地返還の条件を緩和し、慶喜を新政府の議定に任命する策を立てた。そしてそれは、一二月二四日の三職会議で承認されるに至った。これは、大久保・岩倉派の完全な敗北を意味する。

一二月二八日、大坂城において、春嶽らから知らされた議定就任の提案を慶喜は快諾し、朝命に従い、軽装で上京することになった。

孤立した薩摩藩・対幕強硬派は厳しい状況に追い詰められ、一月二日、とうとう大久保は西郷に宛てて「今日の事態になっては、戦争にならなければ、皇国のことはそれかぎり水泡になる」と書き送り、徳川勢力との戦いを覚悟するまでになる。

ところが、ここで思いもよらぬことが起きる。

このころ、江戸で浪士による強盗や放火・殺人が頻発し、一二月二三日には、江戸市中の取り締まりを命じられていた譜代庄内藩の屯所に、薩摩支藩である佐土原藩の一隊が発砲し、死傷者が出るという事件が起こった。幕府は、これらの事件を引き起こした浪士の本拠が江戸薩摩藩邸であると考え、一二月二五日早朝、同藩邸を焼き討ちした。

この報告を三〇日に大目付滝川具挙《たきがわともたか》から受けた大坂の旧幕府側は激昂し、「伐薩除姦《ばっさつじょかん》」、つまり薩摩藩を討伐し、悪者を除けという状況になった。大坂には討薩に賛成しない永井尚志《ながいなおむね》その他の重臣もいたが、滝川たちの強い突き上げに負け、とうとう慶喜は薩摩を討つべしという「討薩の表」に署名してしまう。

翌慶応四年（一八六八）一月二日、会津・桑名両藩兵を含む旧幕府軍は、薩摩を討つために慶喜上京の先駆けとして、討薩の表を携えて京都に向け進軍を開始した。

なお、先の焼き討ち事件についていえば、従来、旧幕府側を戦争に引きずり込むために、西郷や岩倉の指示で江戸に下った薩摩藩士が、江戸薩摩藩邸を拠点に浪士を使って江戸市中と関東各地で乱暴を働かせ、幕府側がその挑発にマンマと引っかかったのだというのが通説であった。だが高橋秀直氏によれば、それを示す史料は存在せず、現在では否定されつつある。

## 鳥羽伏見の戦い

慶応四年（一八六八）一月三日の夕方五時ごろ、大坂から上京途中の旧幕兵に対して、鳥羽（現、京都市南区）と伏見（現、京都市伏見区）の両街道を固めていた薩摩兵が、第一弾を放つ。のちに西郷は、「鳥羽一発の砲声は、一〇〇万の味方を得たよりも嬉しかった」（『大久保利通伝』）と言ったが、それはまさに旧体制を粉砕する一発となり、すぐさま長州兵も参戦した。鳥羽伏見の戦いの勃発である。

戦いは伏見でもはじまった。会津兵や新選組のすさまじい奮戦もあり、薩摩軍は苦戦を強いられた。ある小隊が京都相国寺《しょうこくじ》陣中の西郷に援軍を乞うたところ、あと一小隊しか残っていないと聞いた西郷が笑って「皆死せ、その後援軍を送る」と言ったという（『西郷南洲遺訓』）。そして西郷の言葉に奮い立ったその小隊は、窮地を脱したという。

戦況は不明であったが、全体的に戦意に勝る薩長軍がしだいに優勢となり、三日の夜には「おいおい官軍勝利」（『大久保利通日記』）という状況になった。そしてこの戦況をみて、薩長軍につく藩が続出する。

薩長軍の一方的不利が予想されていたこの戦いは六日までつづき、結局、まったく「意外千万にも」（木戸）薩長軍の圧倒的勝利に終わった。

慶喜は大坂城で味方の敗戦の報を受けた。彼自身は出陣していなかったので、楽勝を信じていたのであろう。彼のショックのほどが想像できる。

なおも徹底抗戦を主張する徳川家の重臣や各部隊長の声に応えていた慶喜だったが、六日の夜に急遽、松平容保《まつだいらかたもり》、松平定敬《さだあき》、その他の重臣たちを引き連れて秘かに裏門から大坂城を抜け出し、幕府海軍の主要艦開陽丸《かいようまる》で江戸に逃げ帰ってしまう。見捨てられた旧幕府軍は四散した。

政治的にきわめて厳しい状況に追い込まれ、戦争しか打開の道がなくなっていた薩摩側にとって、旧幕府軍が鳥羽、伏見まで進軍し、戦争勃発の機会をつくってくれたことは、非常にラッキーであった。

もし慶喜が進軍を抑えることができていたなら、やがて彼は議定になり、新政府のリーダーになっていたであろう。あるいは江戸に逃げ帰ることなく、江戸からの援軍も加えて態勢を整え、全面的戦争に持ち込んでいたなら、勝つチャンスがあったかもしれない。朝敵になることを恐れるあまり、判断を誤ったといわねばならず、慶喜の判断ミスに乗じて薩長側は千に一つのチャンスをものにしたのである。

ところで、鳥羽伏見の戦いと薩長盟約は、どのようにかかわるのであろうか。ここでは、この戦いは実質、薩摩・長州の連合軍と旧幕府軍との戦いであったことを示してから、この課題を検討してみたい。
およそ一万五〇〇〇の旧幕府軍を迎え撃ったのは、薩摩軍三〇〇〇と長州軍一五〇〇である。新政府の土佐、越前、広島、尾張の諸藩は、クーデター時に御所や周辺の邸の警護として出兵したが、鳥羽伏見の戦いには、あとから参戦した土佐藩以外出兵していない。

この戦いでの戦死者数をみると、新政府側では薩摩藩七二人、長州藩三八人、土佐藩二人、旧幕府側では徳川家一〇〇人、会津藩一二三人、桑名藩一一人、新選組二九人、その他で合計三九〇人であった。旧幕府側と戦ったのは、薩長土の三藩であった。また、会津勢は薩摩勢と同じく三〇〇〇が出兵しており、新選組も二三〇人が参戦している。いかに会津勢や新選組が奮戦したかがわかる。

土佐藩もあとで参戦して二名の戦死者を出したが、開戦直後は、この戦いは「会津・桑名と薩長の私戦である」（容堂）として参戦しなかった。それどころか、土佐藩には、旧幕府側に内通したのではないかという嫌疑がかけられていたという。大久保や岩倉に対する容堂の対応をみればありえないことではない。次のような話がある。

会津隊が武田街道から入京しようと、京橋を渡って進んだ。すると、行く手に立ち塞がった土佐藩兵が、「別に道がある。そちらならば土佐藩の部署ではないから通過を黙認する」という態度を示したという記述が、『会津戊辰戦史』にある。

また、明治時代の著名なジャーナリスト福地桜痴《ふくちおうち》の『懐往事談』のなかに、開戦前夜に外国奉行平山図書頭《ひらやまずしよのかみ》が福地に対して、「京都ではすでに内応（裏切り）の約束があるから、（中略）薩賊らは戦わずして敗れるだろう」と語ったという話がある。どうやら土佐藩が内応するつもりだったらしい。

戦いは三日夜、薩長軍の大勝となる。開戦当時の御所は、鳥羽・伏見方面から砲声が聞こえ、公家たちは騒ぎ回り、戒厳が布《し》かれて一種険悪なパニック状態だったという。それが薩長軍の戦勝の報がもたらされるや、見る間に雰囲気が一変した。薩摩藩士の伊集院兼寛《いじゅういんかねひろ》の手記によれば、「宮中は不安の様子が一変して歓喜の声となり、以前は宮中に西郷や大久保がいると蛇蝎《だかつ》のように近づく者はなかったが、次々と来て面談を請う者が多く、煩わしい」という状況であった。

この状況をみていた大久保は、間髪を入れず同日の夜半、朝議を動かして軍事総裁嘉彰《よしあき》親王（仁和寺宮《にんなじのみや》）を征夷大将軍に任じる勅命を出させ、錦旗《きんき》を賜わることに成功する。そして、ただちに慶喜追討を布告した。これで慶喜は朝敵となり、様子をうかがっていた多くの藩が新政府側についた。

このような思いがけない事態の推移をみてかどうかはわからないが、土佐藩内の主戦派が翌四日朝の戦闘に加わる。『維新土佐勤王史』では、「これによって、わずかに土佐藩の面目が保たれたのはすこぶる僥倖《ぎょうこう》というべきである」と記されているが、それ以上の参戦は容堂によって同日中に中止させられたという。もともと公議政体論（有力者を集めた会議で政治を行おうとするもの）者である容堂は、この期に及んでもなお、薩長中心の戦いに加わりたくなかったのである。

結局、鳥羽伏見の戦いは、実質的に旧幕府軍と薩長軍との戦いだったのである。

**薩摩軍対旧幕府軍**

そこで考えてみたいのは、もし薩摩藩一藩で戦った場合、旧幕府軍に勝てただろうかという問題である。長州との連合軍でなければ勝てなかったというのであれば、薩長盟約の意義は明らかである。

旧幕府軍と戦ったのは薩長両軍である。薩長軍の勝因としては、緒戦での思いがけない勝利とそれに基づく淀《よど》藩と藤堂《とうどう》藩の裏切り、旧幕府兵の大坂への撤兵、それに慶喜の理解困難な大坂から江戸への帰還などがあげられよう。幸運が大きな要因になっていることがわかる。

これらの勝因のなかでも、緒戦での勝利が決定的であったが、それは幕長戦争で幕府軍を打ち破った経験をもつ強力な長州軍が、薩摩軍とともに戦ったからであり、薩摩藩一藩では勝ったかどうかはわからない。

また、薩摩藩・藩であれば、慶喜も対薩戦を強く主張する会津、桑名の両藩やほかの強硬派の意見を受け入れて、大坂城に籠城して持久戦に持ち込むという方針をとったかもしれない。その場合、旧幕府側には江戸からの援軍がある一方、薩摩軍の補給は万全ではなく、形勢が逆転していた可能性が高い。西郷自身、開戦直前まで「薩摩の兵は大坂を一か月も抑えられると死んでしまう」と言っていたという（『史談会速記録』）。

さらに、淀藩と藤堂藩の寝返りも決定的だったが、それは大久保が三日夜半、岩倉たちを突き上げて、仁和寺宮を征夷大将軍とする勅命を出させることができたからである。淀藩と藤堂藩は、朝敵となることを恐れて政府軍側についたのである。

だが、新政府参謀の伊達宗城《だてむねなり》は、現在戦っているのは薩長二藩のみであり、このまま征夷大将軍が出馬しては、この二藩の趣旨から朝議が出ているようになって望ましくない、諸藩の公議を尽くすべきであると主張し、土佐・広島もそれに賛同したという。それでも勅命は覆《くつがえ》らなかった。こうした状況をみると、薩長の戦闘はいまだ旧幕府軍との私闘である、とされる可能性もあったのである。

このように、薩長二藩と旧幕府勢との戦いでも、征夷大将軍を立て、旧幕府軍を天皇に歯向かう賊軍に仕立て上げることは、必ずしも容易ではなかった。ましてや、薩摩藩一藩と旧幕府軍との戦いであったなら、仁和寺宮を征夷大将軍にすることはむずかしかったかもしれない。

できたばかりの新政府と朝廷には、議定にも参与にも本質を見抜ける「具眼《ぐがん》の士」はひとりもおらず、みな「平穏無事を好んで、訣言《ゆげん》（おべっか）を以て雷同を公論」（大久保）とするような政府である。そこにあるのは、ことなかれ主義の政府である。佐々木克氏も言われるように、「これでは慶喜の政府への復権はもとより、旧幕勢による逆クーデターの恐れさえある」。

このような状況では、薩摩藩一藩であれば、逆クーデターを阻止することはできなかったと思われる。

もし薩摩藩だけで旧幕府側と戦うとなると、一時的に勝利することはありえても、やがて劣勢となり、結局は敗戦に追い込まれたのではなかろうか。

盟約第六条にしたがって薩長両藩が協力したから、幸運にも鳥羽伏見の戦いで勝つことができ、いちおうの皇国体制をつくり出すことができたのである。

### 戊辰戦争から廃藩置県へ

新政府内での実権を握った薩長の武力討幕派は、慶応四年（一八六八）一月七日、徳川慶喜を朝敵とし、慶喜追討令を発した。二月初旬、西郷は東征軍を率いて江戸に向け出陣する。三月中旬には江戸城総攻撃の準備ができた。一方、慶喜は一貫して降伏の方針をとった。有名な西郷と勝の会談のあと、新政府は結局、江戸城総攻撃を中止し、慶喜の死罪を撤回して隠居・謹慎という軽微な処分にした。

新政府は、旧幕臣らの彰義隊による抵抗を制圧したあと、東北諸藩に会津藩征討を命令する。それに対して、会津藩の寛大な処分を求める東北と北陸の諸藩は、奥羽越列藩同盟を結成して新政府軍に対抗した。

五月から北越で戊辰《ぼしん》戦争最大の激戦が展開され、一時同盟軍が優位に立ったが、七月に入って新政府軍が越後を制圧し、その後同盟軍や会津軍が降伏して、九月には事実上、東北・北越戦争は終結する。

翌明治二年（一八六九）五月、箱館五稜郭《ごりょうかく》の戦いで、旧幕府側の榎本武揚《えのもとたけあき》軍が新政府軍によって制圧され、ここに鳥羽伏見の戦い以来、一年五か月にわたった戊辰戦争は、完全に終結した。だが、東北・北越戦争の終結後でも、藩のシステムは残存しており、それぞれの藩は軍隊と財政権を所有していた。これでは権力が分散し、中央集権的な統一国家ができない。そこで、新政府は明治二年一月二〇日、すべての大名から藩の土地（版）と人民（籍）を奪い、日本全土の領有権を天皇のもとに編成しなおした（版籍奉還）。旧藩主は一代限りの「知藩事」となり、その土地・人民の管理権を改めて委ねられた。

この当時、藩の台所事情はどこも借金だらけで火の車であり、明治四年六月までに一三の藩が財政的理由から廃藩を申し出る始末であった。また、新政府の圧政に苦しむ農民の一揆や暴動が起こり、さらに不平士族による反政府的行動も頻発し、横井小楠《よこいしょうなん》、大村益次郎、広沢真臣《ひろさわさねおみ》が次々と暗殺されている。新政府は、暴動や反政府的行動を抑える政府直属の軍隊の必要性を痛感した。この要求が認められて、明治四年六月、八千余の親兵が東京に集結した。

このように財政的あるいは軍事的理由から、強力な中央集権国家をつくるために政府内でもようやく廃藩置県を求める声が出はじめた。

廃藩置県の活動は、山口（長州）藩士鳥尾小弥太《とりおこやた》と野村靖《のむらやすし》の二人にはじまる。兵部少輔《ひょうぶしょうゆう》山県有朋と大蔵省を牛耳る井上馨《いのうえかおる》が賛成し、山県と井上がそれぞれ西郷と木戸孝允《きどたかよし》を説得して了解を得た。一方、西郷は大久保に伝え、大久保もただちに賛成した。彼らのうちに一人も反対者がいなかったことは、多くの人が廃藩置県を必要と考えていたことを示している。

明治四年七月九日、東京九段の木戸邸に鹿児島（薩摩）藩と山口藩の実力者が集まった。前夜からの大暴風雨で東京中は大荒れになっていたが、夕方には収まったという。集まったのは、西郷隆盛・従道《つぐみち》兄弟、大久保、大山巌《おおやまいわお》の旧薩摩勢、木戸、山県、井上の旧長州勢であった。伊藤博文はこのころ東京を離れており、参加していない。この日のことを大久保は日記で「大変革の手順や政体規則のことなどいろいろ議論し、おおよそ確定する」と書き、木戸も日記で「廃藩論の順序を議論した」と書いている。

その後、廃藩断行を前提とした彼らの密議は一二日までつづけられ、この日初めて三条実美《さんじょうさねとみ》と岩倉具視に告げられた。そして一四日、多くの藩知事を前にして、「外国と対峙するために、藩を廃し、県となす」という廃藩置県の詔書が出された。これは、薩長両藩出身者だけで秘密裏に計画された、明らかなクーデターであった。これにより政府は全二六一藩を一挙に廃止して全国を三府三〇二県に再編成したのである。

翌一五日、廃藩後の処置を討議する会議で、藩側の武力抵抗を憂慮する声が上がり、議論が紛糾した。しかし、遅れて参加した西郷が、「各藩で異論などが起これば、私が兵をもって撃《う》ち潰《つぶ》します」と大声で言うと、たちまち議論はやんだという。

ところで、廃藩の断行は、高知（土佐）藩などの非薩長有力藩出身者には知らされなかった。理由はいろいろ考えられるが、高知藩の場合は、王政復古のクーデターや鳥羽伏見の戦いの際の反新政府的言動が影響したのかもしれない。いずれにせよ、廃藩置県は、薩長両藩の出身者が秘密裏に計画・立案し、彼らだけのクーデターで断行されたのだといってよい。

このようにして、ペリー来航以来の国家的目標であった「万国と対峙する」中央集権的な統一国家が誕生した。そしてそれは、薩長両藩の出身者の協力によって達成されたが、その足跡のなかに薩長盟約第六条を履行せんとする意志が垣間見えるのである。

## 参考文献

・青山忠正『幕末維新 奔流の時代』文英堂、一九九六
・明田鉄男編『幕末維新全殉難者名鑑』新人物往来社、一九八六
・家近良樹『江戸幕府崩壊』講談社学術文庫、二〇一四
・家近良樹『徳川慶喜』吉川弘文館、二〇一四
・井上勲『王政復古』中公新書、一九九一
・勝田孫弥『大久保利通伝』（中）臨川書店、一九七〇
・栗原智久『桐野利秋日記』ＰＨＰ研究所、二〇〇四
・渋沢栄一『昔夢会筆記』平凡社、一九六六
・渋沢栄一編『徳川慶喜公伝』（三）平凡社、一九六七
・瑞山会編『維新土佐勤王史』日本図書センター、一九七七
・知野文哉『「坂本龍馬」の誕生』人文書院、二〇一三
・日本史籍協会編『朝彦親王日記』（一）東京大学出版会、一九八二
・日本史籍協会編『嵯峨実愛日記』（二）東京大学出版会、一九七二
・日本史籍協会編『続再夢紀事』（六）東京大学出版会、一九七四
・野口武彦『鳥羽伏見の戦い』中公新書、二〇一〇
・保谷徹『戊辰戦争』吉川弘文館、二〇〇七
・三宅紹宣『幕長戦争』吉川弘文館、二〇一三
・明治維新史学会編『明治維新の新視角』高城書房、二〇〇一
・毛利敏彦『明治維新の再発見』吉川弘文館、二〇一〇
・山田済斎編『西郷南洲遺訓』岩波文庫、一九三九

# おわりに

なぜ本書を書く気になったのかについて、少しばかり述べておきたい。

薩長盟約の立役者は、以前は西郷隆盛で、最近では坂本龍馬だとされている、という話を聞いたことがある。たしかに現在の中学・高校の歴史教科書では、龍馬立役者説が採用されているようであるし、歴史教養番組を謳《うた》うテレビでも、大方はそうである。だが、西郷説にせよ龍馬説にせよ、根拠らしい根拠が示されずに主張されているという印象を受ける。もし、将来を担う子どもたちが、根拠のないことを歴史的事実として学んでいるのであれば、それは望ましいことではない。

私は、誰が薩長盟約の立役者なのかを、根拠を添えて明らかにしてみたいと思ったのである。

私は大学では数学を専攻し、卒業後哲学に転じて、数学的論理学を研究してきた。その間、並行して歴史の勉強を細々とつづけてきた。

論理学の研究成果として一般にもっとも知られているのは、二四歳の天才数学者ゲーデルが証明した「不完全性定理」であろう。この定理は、「人間の論理的思考〔科学〕には限界がある」という哲学的主張を数学的手法で証明した、二〇世紀最高の定理だといわれている。

この定理の証明方法やほかの定理の証明方法を検討することを通して、証明する、つまり、論理的に考えるとはどういうことかが、少しわかったような気がする。

このようにして得られた論理的思考の勘が、薩長盟約の立役者は誰かという問題を考察するときに役立つかもしれないと思い、本書を執筆したのである。

ついでに、もう一つ述べておきたい。

私は本書で、西郷、木戸、それに龍馬について論じた。その西郷と私の郷里は鹿児島である。自分と同郷の先達の活躍を、根拠もなしに主張する人は少なくない。私の場合はどうか。

小学校低学年のころ、銭湯で湯につかっていたら、隣にいたおじさんに名前を訊かれた。「山岡です」と答えると、おじさんは西郷と山岡鉄舟の会談話をしてくれた。そのとき、勝海舟のことや、鉄舟が無刀流の達人だったことを知った。

また、家の近くに南洲神社があった。そこは、西南戦争で亡くなった桐野《きりの》利秋《としあき》、桂久武、村田新八、別府晋介、その他薩軍の人たちの墓が、西郷の墓を囲むようにして並んでいるところである。夏祭りになると夜店が並び、墓のそばで友達とチャンバラなどしてよく遊んだものである。

私の母は西郷のことを好きではなかった。それは、母の祖父の家が薩英戦争と西南戦争で二度も丸焼けになったからである。母は薩英戦争も西郷のせいだと思っていたのである。

このように、私は西郷隆盛の雰囲気が漂うところで大きくなった。自然に、西郷が大好きになった。だがこの気持ちは、五〇歳の誕生日を境に変わりはじめた。西郷が四九歳で亡くなったからである。いつの間にか西郷は私より年下になった気がした。それ以来、西郷は仰ぎ見る存在ではなく、欠点・短所もある普通の人間だと客観視できるようになったのである。その証拠は、私が「西郷」と書いているからである。昔であれば「西郷さん」としか書けなかった。

最近では、西郷、木戸《きど》孝允《たかよし》、龍馬の三人を公平に評価できるようになったと思っている。そして、自分の好き嫌いを介入させないよう、意識して本書を書いた。

出版に際して、敬文舎社長の柳町敬直氏は、私の希望に快く応じて下さいました。心よりお礼を申し上げます。

また編集の阿部いづみさんは、適切な指摘・助言で私を助けて下さいました。本当にありがとうございました。

二〇一七年一〇月一五日　大政奉還一五〇年

山岡　悦郎

# 薩長盟約　立役者は誰だ

2018年 1月22日　第1版 第1刷発行

著　者　　山岡 悦郎
発行者　　柳町 敬直
発行所　　株式会社 敬文舎
〒160-0023　東京都新宿区西新宿 3-3-23
ファミール西新宿 405 号
電話　03-6302-0699（編集・販売）
URL　http://k-bun.co.jp
印刷・製本　中央精版印刷株式会社





Printed in Japan ISBN978-4-906822-77-5